Winners never Cheat

ジョン・M・ハンツマン著
住友 進 訳

「賢《かしこ》いバカ正直」になりなさい

信念の経営者ハンツマンの黄金律

英治出版

心の羅針盤は、
つねに良心の方向を指しつづけている

WINNERS NEVER CHEAT

Everyday Values We Learned as Children
(But May Have Forgotten)

by

Jon M. Huntsman

Publishing as Wharton School Publishing
Upper Saddle River, New Jersey 07458

序文

ジョン・ミード・ハンツマンは、アメリカでも前代未聞の、最も素晴らしい億万長者といえるだろう。

石油化学業界で伝説的人物となった彼は、物静かだが断固とした姿勢、立派で愛情深い態度で世界中を駆け回っている。およそ二十年間、『フォーブス』誌の長者番付の上位にあったが、初めから金持ちだったわけではない。

ジョンはアメリカンドリームの実現者である。それは苦労のわりに収益の少ない最初の仕事から、アメリカ最大の同族企業の会長に至るまでの道のりであった。

彼に与えられていたものは、夢のフィールドを目指して競争する権利だけだった。残りの洞察力、決意、技術、誠実さ、いくつかのチャンス、究極の成功はすべて、彼の腕にかかっていた。

彼は困難な競争を堂々と勝ち抜き、倫理を守って夢を実現し、約束を破らず、同僚も競争相手も同じように公明正大に対処し、礼儀正しく、寛大な振る舞いを示した。私にとって、このすべてがジョン・ハンツマンという人間だ。彼が本書を書く理由はそこにあり、だからこそ時間をかけて読む価値があるのだ。

あなたはジョン・ハンツマンの噂を聞いたことがないかもしれない。しかし、長年の間、援助を受けてきた人々は彼のことをしっかり記憶にとどめている。

ハンツマン家は、癌の治療・研究をする施設に二億五千万ドルもの寄付をし、今後数年の間にその金額を二倍に増やすと宣言している。ジョンは家族の多くを癌で失っている。彼自身、二度もこの病気を患ったが、見事に克服した。

彼は、ペンシルバニア大学のウォートン校で学士号を取得した。それは、ひょんなことから奨学金を受け取ることによって手にできたものだ。卒業後、ハンツマンは帝国を築き続けたきたが、その過程で自分が受けた恩を返していった。大学教育を受けたことが、自分にとっていかに貴重な経験だったか忘れることなく、社員の子供をはじめ多くの学生に、長年にわたり数百万ドルもの奨学金を提供してきたのだ。

一九八八年十二月七日の晩、ジョンは妻のカレンと、ソルトレイクシティにある自宅の居間でテレビのニュースを見ていた。ちょうど、ハンツマン・ケミカル社のCEO兼会長に就任したばかりのころだった。

夜のトップニュースを見て、彼は落ち着かなくなった。画面には地震でかなりの地域が壊滅状態になったアルメニアの状況が映し出されていた。工場やアパートは瓦礫と化し、道路や鉄道はコンクリートとねじれた鉄骨がむきだしの状態になっていた。目の前の破壊された光景に、彼の目は釘付けとなった。

その半年前、ハンツマンはモスクワに設立した工場で製造した機内食用のプラスティック容器を採用してもらうため、旧ソビエト連邦の航空会社アエロフロートとの交渉の過程で、ソビエトの企業経営に参加することを許された最初のアメリカ人になった。彼はソビエトの人々に魅了されていた。そして、その国の衛星国のひとつが今、災難に襲われていたのだ。

「私たちは何かしなくてはいけない」その晩、ジョンはカレンに言った。画面の中の苦しみは、彼の苦しみともなった。ジョン・ハンツマンとはそんな男だ。
そして支援が行われ、地震に耐えられるコンクリートを製造する近代的な工場を建設する専門知識と資源、食料品や医療装置、アパート、学校まで、そのすべてを疲れ果てた国民に贈り物として与え、感謝された。十五年後に支援を終了するまで、ハンツマン家は五千万ドルをアルメニアに注ぎ込み、彼自身も当地を二十回も訪れている。

ジョン・ハンツマンとはいったいいかなる人物か？　彼が援助した人に尋ねてみるとよい。ハンツマン社が営業している世界中の地域社会に聞いてみるとよい。おそらくその度量の広さは、経済とはまた別の側面で育っていったものだ。しかし、そうだとしても、それは彼の慈善の公式のほんの一部にすぎない。

本書は市場での道徳的振る舞いを解説した教義問答集ではない。
どの章にも、企業や組織を経営する人々のための数多くの優れた経営テクニック、中間管理職の人々に対する深い教訓、社員や一般の人々に対するより大きな見取り図が示されている。彼は素晴らしい起業家であるばかりでなく、あらゆることを目撃してきた経験豊かなCEOでもある。三十五年間で、ゼロから売上高一二〇億ドルにまで育て上げた。

その過程は順風満帆だったわけではない。破産の瀬戸際に立たされもした。しかし、その厳しいが正々堂々とした交渉が評判となり、やさしさ、人を思いやる態度、進取の精神、素晴らしい慈善への献身が彼に独自の視野を与えた。その視点からこの「航海規則」が誕生したのだ。

ジョン・ハンツマンは、正しいことをすることで成功できることを証明した生きた見本である。「正直者はバカを見る」とは、まったくの間違いだ。いい人間はトップになるだけでなく、素晴らしいフィニッシュが切れるのだ。彼は市場や人生に蔓延《はびこ》るご都合主義に我慢することができない。

二〇〇二年、人々への寛大な行為に対する栄誉を与えるため、私は年間最優秀人道主義者に彼を指名した。『ビジネス・ウィーク』誌でも、アメリカでも最高の博愛主義者にランクされた。また、心臓病患者救援のためのラリー・キング心臓基金へも、彼は多額の寄付をして、私を驚かせてくれた。妻ショーンともども、彼と長年親交を結んでこれたことを幸運に思っている。

私はみなさんに熱い思いを込めてジョン・ハンツマンを紹介する。人生に対する彼の考え方をぜひ人生の指針にしてもらいたい。

『「賢いバカ正直」になりなさい』に、あなたはきっと釘付けになるだろう。

ラリー・キング

地元ホームで不利な状況に置かれたなら、
運が向いてくるまで、忍耐しなくてはならない。

次に勝つチャンスが生まれ、
失った原理を取り戻せるだろう。
不利になった理由は、
その原理が危機に陥ったためなのだから。

トマス・ジェファーソン

道徳のない商売

ガンジーの唱える七つの罪の四つ目の罪

「賢いバカ正直」になりなさい

目 次

第4章　リーダーとして模範を示す　59

第5章　約束を守る　85

第6章　賢い忠告者を賢く選ぶ　103

1

砂場で学んだ教訓

アイダホ州の田舎の貧しい家庭で育った私は、ルールに従って行動するように教えられてきた。粘り強く、競争心旺盛に、ゲームに全力を尽くせ。しかしあくまでフェアプレーで。

このような価値観は、家族、近所、地域社会での振る舞い方の基礎を作ってくれた。私や兄のような貧しい子どもも、裕福な地域に暮らす子どもも共通する考えを持っていた。それは、家庭や公園、教室で学んだものだった。

実業界の一員になったというだけで、私にとってこのような価値観の重要性が損なわれることはなかった。

しかし残念ながら、私のいるのアメリカ社会の一部ではそれが失われつつある。ウォールストリートが貪欲になりすぎたせいだ。

企業の顧問弁護士は、契約書を操作したり、契約された取引の抜け道を見つけ出すことで、富を手に入れている。多くの人が、アメリカ企業に対する信頼を失っているというのに、CEO（最高経営責任者）の多くはまるで王侯貴族のようにぬくぬくと暮らしている。

改ざんされた帳簿、見て見ぬ振りの会計検査官、リベートなど、ありとあらゆるごまかしが、今日の企業環境にしのび込んでいる。多くの社外取締役は臨時収入や報酬をたっぷり手にしている。彼らの関心は、ウォールストリートの顔色を見て、多額の報酬をこのままずっと受け取ることにしかない。

この二十年の間、株主もあきれるほど貪欲になり、CEOが対処せねばならない手ごわい相手になっている。株式公開企業が、株主にそっぽを向かれないようにするには、四半期ごとに業績を上げなければならない。業績がぱっとしなかったり、正直に決算報告すれば批判が起こってしまうようなとき、報告書を操作しようかという気持ちも生まれてきてしまう。儲かれば何をやってもかまわないといった空気が、ウォールストリートには漂っている。

本書に書かれていることの多くは、私が身を置いてきたビジネスの活動についてのものだが、親や学生、志のある人々はもちろん、どんな人にもきっと役立つはずである。

貪欲な市場に惑わされない

二〇〇四年のアメリカ大統領選挙で、投票に最も影響を及ぼしていたのは道徳の問題だった。

しかし、ゾグバイ国際世論調査から、有権者が深刻な道徳の問題と考えているのは、妊娠中絶や同性間の結婚のことではないことが明らかにされた。現在のアメリカが突きつけられている最も急を要する道徳的課題は、度を越した貪欲・物質主義だったのである。（貧困・格差社会の問題が僅差でこれに続いている）

ビジネスの世界に入ってほぼ半世紀、私はあらゆる出来事をこの目で見てきた。そして、取引での嘘や騙し、虚偽の報告、責任回避といったものが社会のなかにこれほど深く浸透してしまった理由は何か、絶えず胸に問いかけてきた。

今の世の中、金儲けのためなら、法律スレスレのことをやってもかまわないと思われているのではないだろうか。

この現状を見ていると、神聖なアメリカンドリームも、道徳に反する行いや不正行為に頼らなければ手にできないという思いに駆られる人間も現れるかもしれない。しかし、それはたわごとにすぎない。道徳を顧みない行為は、アメリカンドリームとはまったく逆行することだ。公平、名誉、誠実さで整地された競技場には、夢を追う一人ひとりの人間が、平等に参加する機会が与えられている。

えり好みや欠陥はあっても、アメリカンドリームは今もこの国にとって特に重要な力なのである。物質的利益を追及しようとすれば、激しい誘惑が絶えず心に忍び込んでくる。

しかし、断じてそのような誘惑に陥ってはならない。実際に、夢の実現に必要なことは、汗、勇気、献身、才能、誠実さ、洞察力、信念、そして多少の幸運なのだ。

ゼロから事業を始める能力、一流企業に育て上げるチャンス、市場に自分の全財産を賭ける自由、平社員からＣＥＯに昇進するチャンス。それらはアメリカ経済を偉大にするための原動力なのである。

一九九〇年代にはＩＴ企業が続々と誕生してきた。仕事場として使っていたガレージや地下室は、起業家の夢を膨らませてくれる場所だった。しかし、お金儲けが以前より容易にできるようになったわけではないし、従来の道徳的価値を簡単に無視できるようになったわけでもないのだ。

アメリカの歴史全体を通し、自然に発生し、幾多の障害を乗り越えてきたビジネス市場には、途方もない美徳と悪徳が作り出されてきた。ひどく人間的な英雄や悪党がビジネスの世界に生息していることは驚くには当たらないことだ。しかし、最近、道徳的価値観が失われてしまったため、ビジネス界にはあきれるほどの、恥知らずな詐欺、裏切り、無作法が生まれてきた。

今日の企業の重役や社員の多く（いや、大多数）は、不正な行為に手を染めたりしない。

四〇年間世界の各地を飛び回って、私が付き合ってきた人間の大多数は、誠実で、献身的な、きちんとした人物だった。彼らは一部の人間の胡散《うさん》臭い行為を疑いの目で見ている。

しかし、貪欲や傲慢、ウォールストリートへの度を越した追従、資本主義の歪んだ解釈を利用して、悪に手を染めた企業幹部も数多く知っているし、この手の行為が近年、とみに横行しているようにも思える。

たしかに「誰もがでっちあげをしているじゃないか」とか「競争力を維持していくためには騙すことも必要だ」といった考えに頷きたくなってしまうかもしれない。

しかし、誘惑が多く滑りやすい道は、滅亡へと続いている。一度、転がりだせば奈落の底にまっさかさま。身の破滅は避けられないのである。

見て見ぬ振りをしない

必要なのは、子どものころ公園で学んだ、世間で広く支持されている道徳的原理というカンフル剤だ。ルールはすでに誰もが知っている。それは、公平であれ、人を騙すな、正々堂々と戦え、平等に分配せよ、嘘をつくな、といったことである。これら幼少時代の処方箋は、競争という霧のなかで見失なわれてしまったかのように思えるかもしれない。

しかし、もっと問題なのは、自分の都合に合わせて、この価値観を見て見ぬ振りをしていることなのだ。いずれにしろ、今こそ誰もが自分の振る舞いをつねに顧みて、道徳に基づいた行動ができるようにするときなのである。

金儲けのために、倫理を逸脱した手段を利用することは絶対に許されない。

「成功」は技術、勇気、誠実さ、良識、寛大さを持つ人々のもとに訪れる。誰もが共有している価値観を忘れずにいる人間は、自らに課した目標を成し遂げ、家庭と職場を幸せにし、単なる富の蓄積ではなく、もっと大きな目的を人生のなかに見つけ出そうとしている。

道徳的な人間でなければ、充実した生涯を送ることはできないのだ。

間違いだと言える勇気を持つ

ニクソン政権の第一期の間、私はホワイトハウスに入り、大統領特別補佐官を務めていた。この期間、大統領の執務をサポートすると同時に、首席補佐官のH・R（ボブ）・ホールドマンの「特別スタッフ」も務めた。このチームのメンバーとして、ホールドマンは私に絶対服従を求めてきた。ところが、それを拒んでいたため、彼は私に苛立ちを募らせていたのである。

彼はニクソンに盲目的に服従しており、自分のスタッフにも同じ態度を要求していた。私は権力がいかに乱用されているかを知り、黙認することができなかった。不正を見て見ぬ振りをしては絶対にいけない。

とはいえ、我々の務めは大統領に最大限の奉仕をすることだ。

あるときホールドマンは、大統領を「助けるために」やってもらいたいことがあると言ってきた。どうやらニクソンが政府の長官に任命したある下院議員に疑惑が持たれているようだった。それは、カリフォルニアのその議員の企業で不法労働者を雇っていたとの証言があるというものだ。

ホールドマンは、この報告が真実かどうか確かめるため、以前、下院議員が社長を務めていた工場を調べるようにと、私に命じてきた。その工場が、カリフォルニアのフラートンにある我が社の製造工場の近くにたまたまあったためだ。

ホールドマンは下院議員の工場に、私の会社のラテンアメリカ系の社員を送り込み、スパイ活動をさせようとしたのである。目的はもちろん、政敵である下院議員をスキャンダルに追い込むことにあった。

ホワイトハウスには、道徳的腐敗が蔓延していた。

多くの人間が、ホールドマンにいい印象を持ってもらおうと、言われたことはほとんど何でもこなしていた。私が電話を受け、そして工場長に連絡をしたのも、そんな心理的圧迫があったからである。

ことの善悪も判断できないほど、条件反射的に反応してしまうことがあるものだ。このときがまさに、その状況だった。

自分の心のなかの羅針盤が、これはやってはいけないという方向を指し示してくれるまでに、十五分ほど時間がかかった。幼少時代から培ってきた価値観が、やっと功を奏してきたのである。

私は会話を中断した。

「ちょっと待ってくれ、ジム」私は、ハンツマン・コンテナ社の工場長に慎重にこう言い渡した。

「やめにしよう。こんなゲームはまっぴらだ。この電話のことは忘れてくれ」

間違っていることは本能的に気づいていたにもかかわらず、自分を納得させるためにそれだけの時間がかかってしまった。

私はホールドマンに、「うちの社員をスパイにするつもりはないし、この手のことは今後一切お断りする」と伝えた。

アメリカで大統領に次ぐ権力の持ち主に、私はノーと言ったのである。彼はなぜ断られたのか理解できないようだった。そして、私の行為を背信と見なしたのだ。

不正をするくらいなら、別れを告げたほうがよかった。辞めさせたければそうすればいい。

この出来事から半年足らずで私は職を辞した。

私は正しい判断を下していた。なぜなら、議会のウォーターゲイト委員会や大陪審の前に引っ張り出されなかった、ホワイトハウス唯一のスタッフだったのだから。

曖昧な態度を取ってはならない。人にぶつかればすみませんと言いなさい。握手は心を込めてしなさい。人が困っていれば手を差し伸べなさい。

どんな場合にも、ないがしろにしてはいけない価値観がある。それは決して消えたり、すたれたりするものではない。なぜなら私たちの魂に刻み込まれているのだから。

競争が激しい、複雑なこの世の中では、このような考えは単純すぎるといってあざ笑う人間もいるだろう。笑いたければ笑うがいい。しかし、この考えが肝心なのだ。

プレッシャーの激しい現代社会では、出世したり、企業の収益を増やすため、子どものころ学び、正しい行動として受け入れたこれらの価値観を、投げ捨ててしまいたくもなるかもしれない。

しかしこのような価値観には、古今東西を問わず、すべての人間が共通して持つ大切なものが含まれている。人間の基本的善を信じているということもその例の一つだ。どんなに文明から隔てられたところにいる人間でも、嘘つきより正直者のほうが尊敬されている。

最も教養があり、工業化が進んでいるといわれるアメリカで、誠実さという普遍的価値が最も危機にさらされているとは、なんと皮肉なことだろう。むろん、これは恥ずべきことだ。

正々堂々と、そして勝利を収めろ

カリフォルニア州マリーナ・デル・レイにあるジョセフソン倫理研究所の所長、マイケル・ジョセフソンは、『サバイバー』※のような人気テレビ番組を見ていると、人生の勝者は人目につかないところで、欺いている人間であるという考えを抱いてしまうようになる、と述べている。しかし、誰も番組を見て気分を害しているようには見えない。ジョセフソンはその原因を、

「現在は、人を欺こうとする誘惑が増えているのではなく、道徳の敷居が低くなっているせいだ」と主張している。

いずれにせよ、規則を曲げたり、破ったり、違法スレスレの行為をしたり、礼を失

※ サバイバー……無人島での生き残りゲーム。参加者の投票によって脱落者が決められる。最初は嫌われ者や役に立たない者が脱落するが、人数が少なくなると陰謀術策が入り乱れるようになる。

するときには、誰もが自覚してやっている。都合のよい弁解や一瞬の満足のために、不正を「正当化」していても、自分のやったことが正しくないことはわかっているのである。なぜなら善悪の判断は、すでに幼いころに教えられているからである。

誘惑に陥らずに、成功を長続きさせてくれるのは、昔から変わることのない価値観である。誰が一着で、誰がビリかが問題ではない。きちんとした人物が人々に敬意を抱かれ、堂々と競争をし、そして人生を終えることができるのだ。

南極探検で伝説の英雄となった、二十世紀の探検家アーネスト・シャックルトンには、六冊の著書がある。そのなかで彼は人生を堂々とした態度で戦わなくてはいけないゲームであると主張している。

私にとって人生とは、あらゆるゲームのうち、最も素晴らしいゲームである。人生を、些細で軽く見ていいゲーム、さほど重要ではないゲームとして扱うのは、危険なことだ。ここではルールがとても大切だ。ゲームは正々堂々とやらなくてはいけない。そうでなければゲームは台無しになる。ただ単に勝てばいいというものではな

い。堂々と勝利を収めなくてはならないのだ。

子どものころに学んだ価値観は、単純かつ公平なものだった。大人になってもそれに変わりはない。幼少時代、私たちは公園で、ことの善悪を指し示す道徳の羅針盤を心のなかに創り上げた。この羅針盤は物質的な富ばかりではなく、人生の成功も保証し、そして自分の進むべき進路を指し示し、充実した幸せな人生を歩めるようにしてくれるのである。

子どもにとって、最も重要な時期は、
日常生活の習慣が形成される時期だとよくいわれている。
たしかに、それは非常に重要な時期だ。

しかし、若者の理想が形作られ、
それを身につける時期はもっと重要だ。
ものごとを判断するため身につけた理想が、
今後の人生がどうなるかを決定するからである。

ヘンリー・ワード・ビーチャー

他人の想像力を惹きつけるのは、
富でも、配管工事でも、渋滞の高速道路でもない。
それは、私たちの人格に築かれた価値観である。

J・ウィリアム・フルブライト上院議員

2

心の羅針盤に従って行動する

道徳のないところで、育った人間は一人もいない。

まともな人間なら、基本的に善と悪を判断することができる。キリスト教、ユダヤ教、仏教、イスラム教、ヒンズー教、ユニタリアン派、ニューエイジ、自由思想家、無心論者など、育てられ方に違いがあっても、みんな幼いころから嘘をついてはいけない、嘘をつけばバチがあたると教えられてきた。

道徳を知らない人間はいないのだ。

道徳意識がないといわれる人間も、わざとやっているだけで、実際は道徳を忘れているわけではない。誰の心のなかにも、親、教師、コーチ、牧師、祖父母、伯父や伯母、ボーイスカウトの団長、友人、同僚に方向を定めてもらった道徳の羅針盤がある。この羅針盤は息が絶える日まで、進む道が適切かどうか絶えず教えてくれる。

本当は間違いに気づいている

十歳のとき、私の家から数ブロックのところに、エドワーズ・マーケットという雑貨店があった。建物の前方が店になっていて、後方が住居として使われていた。大きさは十坪に満たなかったが、そのころの私の年齢では、まるでスーパーマーケットのように広く見えていた。

当時、地元紙の販売・配達で、一日五十セント稼いでいた私は、ある日、家に帰る途中、その店に立ち寄った。

店には誰もいる様子はなかった。

ちょうど、アイスサンドが新発売されたころのことだった。その日はとても暑く、アイスサンドを一口味わってみたくなった私は、小さな冷蔵庫に手を伸ばし、包装されたアイスサンドの棒の部分をつかんで、ポケットのなかにすべりこませた。その直後、エドワーズ夫人が現れ、

「何にいたしましょうか?」と尋ねてきたのだ。

「いえ、別に」と私は丁寧に答え、ドアに向かっていった。

そして、扉を閉めようとした瞬間、

「アイスサンドの代金はどうするの?」という夫人の声が聞こえた。

ばつが悪くなった私は、振り向いて、おどおどしながら冷蔵庫に歩いていき、震える手でアイスサンドを元の場所に戻した。

それは、冒険好きな幼い少年にとって重要な教訓だった。六十年経った今でも、決して忘れることのできない出来事である。

自分が悪いことをやっていることに気づいたのは、盗みがばれた瞬間ではなかった。冷蔵庫のなかに手を入れた瞬間、すでに気づいていたことだった。誰もが人のものを盗んではいけないことを知っているのだ。

羅針盤は、つねに良心の方向を指しつづけている

ある種の振る舞いが、心のなかの羅針盤との連絡を途絶えさせようと仕向けてくる。「いいわけ」は注意信号の明かりを弱くし、「傲慢な態度」は善悪の境界線をあいまいにし、「自暴自棄」が良識を踏みつぶしてしまう。

しかし、どんなに視界を遮るものがあっても、善悪を示す信号が消えてしまうことはない。羅針盤はつねに良心の方向を指し続けているのだ。

現代社会は、疑わしい活動をあまりにも大目に見すぎているため、若い世代は善悪の区別もつけられなくなった、と指摘する声もある。だとすれば、若者の道徳に反する行いが多くなったとしても当然だということになる。

しかし、そんな行為を認めるつもりはさらさらない。私の幼少時代より社会はたしかに悲観的な様相を呈してはいるが、今だって、盗みを許す人間などどこにもいない。大人に見つからなければ、騙してもかまわないと思っている学生などいるだろうか？

粉飾決算、着服、詐欺、企業幹部の法外な報酬を、社会は受け入れたりするだろうか？

答えはもちろんノーだ。

今の社会が、昔より手の込んだいいわけの手段を作り出していることは認めるが、百年前と同様に、悪いことはあくまで許されることではない。

正直なことで有名だったジョージ・ワシントンの忠告を心に留めておくべき理由もそこにある。


「良心と呼ばれる天の小さな火花をずっと灯し続ける努力をしなさい」

人間は罪を意識する地上で唯一の動物だ。ペットの犬、猫、カナリアが、食事を食べすぎたり、相手に失敬な態度を取ったことを、あとで悔いている姿を見たことのある人間は一人もいない。（ひょっとすると知っていて悪事を働くペットがいるかもしれないが）
人間にしか正しい道と不適切な道を識別する能力はないのだ。誤った道を選ぶ場合、私たちは――少なくとも心のなかが――落ち着かなくなってしまうものである。

羅針盤の針は、真実を指し示している。理性を持った人間なら、人に言われずとも倫理的な道を自然と見分けることができる。

詳細なルールブックは必要ない

私たちは、礼儀正しくしなさいとか、人には寛大に振る舞いなさい、と法律で命じられているわけではない。

倫理とは、私たちが従わなくてはならない振る舞いの基準のことである。法律と倫理の間には重なり合う部分もあるが、法律とは違い、人間の振る舞いが倫理的かどうかは、個人の判断に委ねられている。いくら職業の訓練を積んだとしても、道徳的に立派な人間になれるとは限らない。

ところが、倫理の法制化は絶えず繰り返されている。議会は今日の企業世界があまりに倫理上の問題を起こしすぎていると考えている。市場の信頼性を回復するためにサーベンス・オクスリー法※が制定されたのもそのような背景があるからである。しかし、一人ひとりの人間が幼少時代の価値観を取り戻すことでしか、敬意、礼儀正しさ、誠実さは回復されないのだ。

倫理的な振る舞いと企業の競争は、スポーツマンシップとスポーツ競技に例えられるだろう。私たちはスポーツでルールに乗っとり、正々堂々とした態度を示すよう教えられてきた。ルールブックに「ショートカットは禁止する」と書かれていなくても、どの選手も楕円形のトラックを回り、フィールド内を横切ったりしない。

孫は「グレート、グレート・ガイズ・クラブ（G3クラブ）」という名の素晴らしいクラブを結成した。この会に参加できるのは、最低でも六歳以上。メンバーは会合では、たとえば、ぐっすり眠ってしまったり、おもらしをしたり、テーブルの下をはったりするが禁じられている。

※　サーベンス・オクスリー法……米国企業改革法。エンロン、ワールドコムなど不正会計処理事件を受けて制定された。

彼らは自分たちでルールを定めた。驚くべきことに、このクラブの規律はたいへんしっかりしている。この会には親が出席していないので、自分たちで作った基準を守っているのだ。

たとえ少しはめをはずしたとしても、子どもたちは何が正しい振る舞いか知っているものだ。彼らの道徳心は、まだ発育途上にあるが、羅針盤はきちんと正しい方向を指し示している。ソフォクレス※の名前は一度も耳にしたことがなくても、「良心ほど恐ろしい目撃者であり、また雄弁な告白者はいない」という彼のメッセージは理解しているのだ。

子どもが狡猾《こうかつ》な態度を取ることはめったにない。大人がいなくても、ほかの子どもと仲良く遊び、けんかせずに競い合っている。

たしかに、口げんかするときもあるが、分厚いルールブックや裁判所がなくても、子どもたちは問題をちゃんと解決している。公園での遊びを、審判、時計、正確なラインもなしにきちんと行っているのだ。軽率な振る舞いをするときは、計算してではなく、ついついやってしまったことのほうが多い。

高校の生物の授業で、手のひらやシャツの袖口にテストの答えを書いていた学生が何人かいた。しかし、大多数の学生がそんな真似をしないのは、カンニングが悪いことだということを言われなくても知っているからである。

見つかるのが怖いという理由だけではない。学生のほとんどはいい成績を取るだけでなく、人から後ろ指を差されることはしたくないのだ。カンニングが見つかれば、いくらスポーツができても尊敬されることはないだろうし、決して生徒会長には選ばれない。

それはみなが純朴だった一九五〇年代の話だと言われるかもしれない。しかし、いくら生活態度が身についていないと批判される現在の学生でもやはり、カンニングが悪いことだということくらい知っているのだ。

※ ソフォクレス……古代ギリシアの悲劇詩人

いいわけをするくらいなら、嘘をつかない

嘘や騙し、詐欺のいいわけとして、「期待が大きすぎてプレッシャーになった」とか、「みんなやっていることじゃないか」という言葉がよく使われている。そうしなければみんなに置いていかれてしまうと主張する人間もいるだろう。そんないいわけは、誤った道を選んだ本当の理由よりもっともらしく聞こえるものだ。真の理由は、傲慢、権力の誇示、貪欲、弱腰にあるのだ。

しかし、それは機会均等という社会のルールに反する行為である。経済力、影響力、宗教的な規律、政治的規制があるかないかは、このような有害なウィルスに誰が次に感染するか決定する要素には、絶対にならないように思える。

どんないいわけにせよ、話している本人はそれが正しいことではないと意識している。どんな手を使っても成功し、トップに立つという目標は、倫理的なものとはいえない。いつの時代も、勇気、ビジョン、最後までやりぬく信念、リスク、チャンス、汗、

技術、規律、正直さが、成功を続けていくために本当に必要なことなのだ。

しかし、勝ち組意識が幅をきかせている現代社会において、成功への近道は魅力的に見える。嘘をついて儲かることも少なくないかもしれない。しかし、いかさまをしている人間が勝ち続けることはできない。いったんボロを出してしまえば、あとはまっさかさまに転落していくだけだ。

経歴を詐称したり決算を粉飾していても、発覚したときにはその行いを謝らず、いいわけしようとする人間が多くなった。

エンロンの役員は、タイコのお偉方と同じように最初からいいわけしようとした。しかし、そんなことが社会で通じるはずはないのである。

子どものころから培われた価値観は、いざというとき、私たちに倫理という救命胴衣を与えてくれる。それは、昔、教室にいたときと同様、現在、荒波にもまれている企業の役員室においても大切なものなのだ。

よき道徳を維持しようとするなら、法律が必要とされるように、
法律を遵守しようとするなら、よき道徳が必要となる。

マキアベリ

人生をうまくやる秘訣は、正直で、公平に取引することにある。
人から正直に見られたなら、成功は確実である。

グルーチョ・マルクス

アメリカニズムとは、
勇気、名誉、正義、真実、誠実、不屈の精神といった
美徳のことである。
—アメリカを創るのは、このような美徳だ。

アメリカを破壊するものとは、
どんな手段を使っても成功しようとする姿勢…。
安楽な生活への渇望と一攫千金の理論だ。

セオドア・ルーズベルト

3 ルールを守り、正々堂々と勝負する

どのルールを尊重し、どれを無視するかで、個人の人格が決定される。そして、自分の抱いている価値観が、どれくらい人生に深く影響を及ぼすか決めているのが、この人格なのである。

幼いころ、自分の周囲にいる大人たちに、人生でどのように振る舞うべきか叩き込まれ、私たちは何が大切なのかを学んだ。黄金律※、適切なテーブルマナー、他人を尊重すること、素晴らしいスポーツマンシップ、列に横入りしないこと、人と分け合う

※　黄金律……「己の欲するところを人になせ」という新約聖書、マタイ福音書の一節。

こと。このようなすべてのことが私たちの人格を培ってくれたのである。

人格を支えるのに最も重要な要素となるのが、誠実さと勇気である。

人があなたをどのように認識するかで評判は決まるが、人格は誰にも見られていないときの振る舞い方に現れてくるものだ。人の視線がなくてもきちんと振る舞えるか否かが、人生でどのような道徳的決断をするかの土台となるのである。

生活のなかに不誠実な態度が忍び込んでしまえば、取引や人付き合いは不信感に支配されてしまうだろう。

目の前の利益ばかりを追い求めない

十八世紀のスコットランドの哲学者フランシス・ハッチソンは次のように考えた。

「真実を語ろうという意思がなければ、すべてのコミュニケーションの信頼は失われてしまう」

ビジネスマンの場合、有利な条件で取引したり、正当な利益を求めて熱心に交渉している分には、誠実さを危うくする心配はない。交渉は公平で、正直でなくてはいけない。そうすれば、前日、自分が何を話したのか、後ろめたくなって思い返す必要はまったくなくなる。

一ドルの買い物であれ、十億ドルの企業買収であれ、私は交渉を道徳の問題と見なしている。人との交渉は心をワクワクさせてくれるが、嘘をついたり賄賂を贈って有利な立場に立とうとしてはいけない。それは道徳的に間違っているばかりでなく、取引自体をつまらないものにしてしまうからだ。

一時的に有利な立場に立てたとしても、結局、嘘をついたならば手ひどい打撃を受けてしまうことになる。ビジネスを信頼のおけないものにし、まともな交渉などできなくなってしまう。

一九八〇年代、ハンツマン・ケミカル社はタイに工場を開いた。三菱との合弁事業で、工場はＨＭＴと呼ばれていた。約三〇〇〇万ドルの投資で、ＨＭＴは二つめの工場の建設を発表した。私はタイの財務大臣と良好な関係を作った。しかし、大臣はもっと自分と親しくなれる手段をそれとなく私に示してきた。

ある晩、夕食のため大臣の家に出かけたときのことだ。彼はガレージに駐車している十九台のキャデラックを見せてくれた。海外企業からの「贈り物」とのことだった。「ハンツマン社が贈り物を贈ることはありません」と説明すると、大臣は微笑みを浮かべながら私の言葉を聞いていた。

数ヵ月後、東京にいるタイの営業責任者である三菱の重役から電話がかかってきた。彼はＨＭＴが取引するためには、政府のさまざまな役人に毎年リベートを払わねばならず、ハンツマン社の分担金は二十五万ドルだと告げてきた。

そんなことのために一銭も支払うつもりはないと、私は言い渡した。すると彼は、工業施設を利用できる立場を確保するためには、このような「手数料」が必要なのだと言ってきた。

あとで分かったことだが、三菱はそれまで、ハンツマン・ケミカル社の手数料まで支払っていたのだ。だから、そろそろ我が社にも分担金を支払ってもらう時期だと判断したのである。

翌日、私は三菱に事業を売却することを告げた。三菱は思いとどまらせようとしたが、私の決意は固かった。三菱は我が社のＨＭＴ株を割引価格で買い取った。短期的に、我が社は三〇〇万ドルの損失を被った。

しかし、それは結果的に災い転じて福となった。数年後、アジア全体が経済危機に陥り、この地域の産業全体が大打撃を被ったのである。

アメリカや西ヨーロッパでは、このような金銭的賄賂は通用しないと公言されているが、自分たちが説いていることをつねに実践しているとは限らない。倫理的決断は短期的には重荷となり、利益につながらないかもしれない。

しかし、「手数料」を支払うことを拒絶したことが知られるようになると、タイにおいて、我が社が賄賂のことで再び厄介な問題に巻き込まれることは一切なくなった。「ハンツマンは断固ノーと言った」という噂が広まり、今ではほかの多くの企業も我が社の例に倣っている。

賄賂に同意したことで評価を落としてしまえば、信頼はなかなか回復できなくなる。だから、個人であれ企業、国家のいずれであれ、パートナーは慎重に選ばなくてはいけない。

私は頑固ではあるが、率直な交渉人だという評判を得てきた。つねに懸命に、しかも誠実に取引している。しばしば、私は最後には交渉でおいしいところをさらっていくと思われている。そんな噂が災いして、あるＣＥＯに合併の交渉を拒まれてしまったことがある。しかし、信頼できないという理由で取引を断られたことは一度たりともない。

競争は、起業家精神や自由市場と切っても切り離せないものである。

しかし、騙したり、嘘をつくこととは関係ない。非道徳的な行為が気にならなくなってしまえば、「結局は失敗に導かれてしまう」ことを肝に銘じておくことだ。

子どものころ、「嘘ついたら針千本飲ます」と言っていたことを覚えているはずだ。この言葉は、今日でも意味を失っていない。道徳をないがしろにすれば、必ず罰を受けねばならないのだ。

日本の神道には、次のような教えがある。

「人を騙そうとしたり、陰謀を企てたりするなら、しばらくは利益を得られるかもしれないが、かならずや天罰が下る」

天罰のみならず、世俗的な罰も待ちうけていることも付け加えておこう。不適切な行動を取れば、かならずその報いがあるのである。

金銭的利益だけが成功ではない

道徳をないがしろにしている例を見つけ出せる職業は数多くあるが、ウォールストリートほどそれが顕著なところはない。ここには、人を欺けば欺くほど、お金が儲かるという考えが支配している。

「ニューヨークのウォールストリートほど正直な人間を見つけるのが難しい場所はない」という、アブラハム・リンカーンの言葉を思い出してしまう。

約四十年間、ウォールストリートでビジネスしてきたが、本当に正直な人間はほとんど見つけられなかった。素晴らしい専門家はいても、信用し、尊敬できる人物はめったにいないのだ。

人を騙そうとする人間は、自分のやっていることが牢獄に放り込まれるほどのものではないことに気づいている。それは法律ではなく個人的な不誠実さ、倫理の欠如の問題である。だから何か問題が起これば、すべて金で片をつければいいと思っている。

ウォールストリートの人間の頭には、「どれくらい儲かるか」ということしかない。法律スレスレの行為は、みんなやっているから悪いことではないと考えられているのである。しかし、誠実さがなければ、敬意も失われてしまう。

ワールドコム、タイコ、エンロンのような大企業には、正々堂々と戦えないリーダーたちがいた。人を騙したから、敗北を喫したのである。このような企業幹部は、富を貯め込むことばかりに夢中で、誠実さという最も大切なものを忘れてしまったのである。誠実さがなければ、人に信頼されるはずなどないではないか。

本当の成功者は、不正な手段や危険な手段で、目的を達成しようとはしない。彼らは才能、勤勉、正直といった昔ながらの手段で、目標を成し遂げるのだ。

激しいビジネス交渉をするのはいいことだが、正々堂々とやることだ。決して嘘をついたり、不正な手段を用いてはいけない。最初の取引をきちんと終えれば、二度、三度と取引が成立するはずだ。交渉の目標は、双方が満足できるようにすることである。

一九九九年、当時、イギリスでも指折りの大企業インペリアル・ケミカル・インダストリーズ（ＩＣＩ）の社長兼ＣＥＯだったチャールズ・ミラー・スミスと激しい交渉を戦わせていた。

我が社はＩＣＩの化学部門をいくつか買収しようとしており、この合併が成功すればハンツマン社の規模は二倍となり、人生最大の取引になるものだった。

双方ともかなりプレッシャーのかかる複雑な取引だった。チャールズのほうは、ＩＣＩの借金を削減するために、できるだけ高い価格で売却する必要があり、私のほうも資金に限りがあった。

激しい交渉が長引いている間、チャールズの妻は末期癌に苦しんでいた。交渉が終わりに近づいたころ、彼の妻が亡くなった。彼はかなり取り乱していた。しかし、交渉は相変わらず続いていた。

取引の詰めの段階で、私はつべこべ言わないことにした。売却資金を二〇〇万ドル値切ることもできただろうが、そんなことをすればチャールズの精神状態はおかしくなってしまっただろう。相手が求めてきた通りの契約で十分だった。

こうして互いが満足すると同時に、二人は生涯の友となることもできたのだ。

ルールを破ったなら、誤りを認める

家庭であれ学校であれ、いいことと悪いことの基準ははっきりしている。

ルールを破っているのを見つかり、規則を知らなかったといいわけしたとしても、子どもは違反したことを素直に認める。しかし、そんな子どもが大人になったらどうだろう？　なぜ家庭や教室のルールがこれほど無視されてしまうようになるのか？

心のなかで正しいことを知っていながら、なぜ不適切な行動のいいわけをし、自分の行いを正当化しようとさえするのか？　何かしら邪悪な力が、十代後半の子どもを支配しているに違いない。この時期に、彼らは伝統的な基準の抜け道を作るようになるのだ。

ティーンエイジャーのころ、父に門限は八時と決められていた。「午前」か「午後」かは言わなかったが、夜の八時だということは言われなくても分かっていた。

父が「私に」家族のフォードを運転してはいけないと言ったとき、その内容を詳しく説明する誓約書はなかった。理論的には、一九三六年型のフォードを運転してはいけないと言っただけだが、そこには私の友人も含まれていた。

弁護士は、禁止されているのは私だけだとアドバイスするかもしれない。父はこの禁止事項のなかに私の友人を加えておらず、私以外のみんなは車を運転してもかまわないことになる。しかし、私には分別があったから、もちろんそんなことをしはしなかった。

　大きくなってからのいいわけは、さらに手が込んでいる。自分の過ちを素直に認めず、環境や他人のせいにする。犬が宿題を食べてしまった、非道徳的な振る舞いを容認された習慣だ、といいわけする。責任を自分から切り離すことにかけては、まさに芸術の域だ。

　しかし、それは幼少時代に悪事が見つかったときと大差ない、説得力に欠けるいいわけだ。大人は説得力があると思っているが、そうは問屋が卸さない。

「みんなもやっている」というセリフは、ティーンエイジャーのころと同様に、今も役に立たないだろう。それはご都合主義で、デタラメな責任回避の口実だ。しかもみんながやっているわけではない。たとえやっていたとしても、やはり悪いことに変わりなく、本人も自分の間違いには気づいている。

「魔が差した」などといういいわけをよく耳にする。しかし、悪魔があなたをそそのかすことは絶対にない。

　正直になりなさい。まじめにやるより、ずるをしたほうが楽なように見え、一時的に有利な状況が生まれてくることも少なくない。

しかし、ウォーターゲート事件でリチャード・ニクソンがすぐに誤りを認め、部下の不適切な行為の責任を取り、心の奥底で自分の間違いに気づいてさえいれば、アメリカの国民は彼を許していたかもしれない。彼はそのことに悔恨の念を抱き、のちの大統領の取るべき態度の模範を示しておくべきだったのである。

子どもは自分がどう振る舞えばいいか、大人を観察して確かめている。社員は上司を見ているし、市民は市長を見つめている。このようなリーダーやモデルが誤った模範を示せば、従っている人が真似してしまうことが多い。いとも簡単にそうなってしまうものだ。ビジネス、そして人生というゲームで、道徳をなおざりにすることがあってはならない。

世の中には三種類の人間が存在する。成功しない人、一時的に成功する人、そして成功し続ける人だ。この違いを作るものが、その人の持つ人格なのである。

人々は他人の成功を見て、自分も簡単にできるように思う。
しかし、それは事実とは異なる世界だ。
簡単なのは失敗するほうで、成功するのはつねに難しい。
人は簡単に失敗するかもしれない。
自分の財産と人格のすべてを捧げなくては、
成功は訪れてはくれない。

ヘンリー・フォード

港に停泊している船は安全だが、
船は港に停泊するために造られたわけではない。

ウィリアム・シェード

4 リーダーとして模範を示す

「自分で蒔いた種は、自分で刈り取らなくてはいけない」という聖書の一節が、昔から私は大好きだ。この言葉は、リーダーの責任を簡潔明瞭に説明している。仕事の最終責任を負うのがリーダーなのだ。

要するに、自分がどれだけきちんと責任を果たせるかで結果が決まるのである。養い、褒めて、必要なときはきちんと叱ることのできる親や雇用主が、自分はもちろん、自分が世話をしている人々をも、もっと幸せで、成功する人生を味わえるようにしてくれる。

この考えのどこが新しいのか、と疑問を抱く人もいるかもしれないが、結果の最終責任を曖昧にしてしまう原因を取り除くためには、この点を思い出してもらわねばならないのだ。

現代社会で、私たちはどんな手を使ってでも、大きな利益を得ようとするかもしれない。しかし、まったくの計算違い、悪意、不況、あるいは自然の成り行きのために、成功という収穫は逃げていってしまう。子どものころ、ポテト農場で働いていて、どんなに注意して育てたとしても、早霜や豪雨のせいで穀物が台無しになってしまうことを教えられた。

とんだへまをしでかしてしまえば、ものごとが台無しになってしまう恐れがある。素晴らしい先見性、純粋な意思、模範的な献身、優れた技術があったとしても、成功の保証はまったくない。大切なのは、結果が良かろうが悪かろうが、はたまた無様であろうが、指導者は結果に対して責任を持つことだ。自分が活用できる最高の人材を周りに集めたなら、あとは自分が責任を引き受けなさい。

リーダーシップ三つのR　❶責任　Responsibility

一九六〇年、南シナ海のUSSカルバート号に乗船する海軍将校として、私はこの教訓を実地に学んだ。部隊長のリチャード・コラム大佐は、第二次世界大戦で戦ったこともある、私が尊敬する人物だった。

私の属する小さな艦隊は、ほかの七ヵ国から編成された海軍船と所定の場所に集合することになった。カルバート号には提督が乗っており、海軍用語でいう旗艦だったのである。すべての船がこの旗艦のあとに従っていた。二十三歳の中尉で甲板部の士官だった私は、人生で学ぶことが数多くあった。

ある日の早朝、私は船隊を指揮する大きな責任を担わされていた。

午前四時三十五分、私は操舵手に、

「335度に進路を取れ」と命じた。操舵手は規則に従い、確認のため、

「355度に進路を取ります」と大きな声で返事をしてきた。

すべてが順調に思えたが、操舵手の数字の誤りをはっきり聞いてはいなかった。「335」ではなく、「355」度と命じたと、自分は思い込んでしまった。方角を間違えたため、残りの船も旗艦に従ってしまった。正しい進路から二十度も外れていた。誤りに気づき、適切なコースに戻った船も何隻かあったが、残りの船は間違えに気づかなかった。船隊は混乱をきたし、危険な状態に陥った。衝突を避けるため、船はひどくもつれあった状態になってしまったのだ。

自分の間違いでこんな状況を招いてしまったのである。失望感と挫折にとらわれた。操舵手から間違って復唱されたことに、気づかなかったなんて。用心深い人間なら、このような誤りを避けるため、再度、命令を繰り返し、失敗を未然に防げたはずだ。

突然、船隊が乱れたことを知り、コラム大佐はバスローブ姿でブリッジに駆けつけ、すぐに職務を引き継ぎ、まごついている若い中尉を救ってくれた。

私の心は打ちひしがれていた。小艦隊の四十二隻の船が、再び船隊を整えるまでに数時間かかった。海がなぎ、隊列が立て直ったあと、私は艦長室に呼ばれた。

「ハンツマン中尉、今日は貴重な教訓を学んだな」と大佐は言った。

「いいえ、ひどくばつが悪い思いをしています。あなたや船の仲間たちを失望させてしまったのですから」と私は答えた。

「逆だよ。今後、二度とこのような事態は起こさないと誓ったのだからな。これからは間違った命令を出すことはなくなるだろう。今回の失敗は、今後の君の人生にとって貴重な体験だ。私はこの船の艦長だ。ここで発生したすべてのことは私の責任だ。君は操舵手の間違いに気づかなかったが、その責任は私にある。海軍の演習期間、船の衝突事故が起これば、軍法会議にかけられるのは私なのだから」

私はそのとき、リーダーとは何かを気づかされた。熟睡中であっても、部下の過ちは指揮官の責任となるのだ。そして、もう一つの教訓も学んだ。まだ信頼を失っていないと安心させることで、若い中尉に未来への希望を抱かせてくれたことだ。

ハンツマン社の社長として、私はこのシナリオを（中尉ではなく、大佐として）何度も繰り返してきた。社員の欠点は叱るが、自信を失わせず、もっと素晴らしいことを実行するよう励ましてきた。

たとえ地球を半周したところにある工場で起きたことだとしても、私はＣＥＯとして責任を引き受けている。ＣＥＯの役割とは、社員や企業が正しい行いをし、安全を維持していけるように主導することなのである。

支配するのではなく、支持される

世の中には、肩書きのうえでは、たくさんのリーダーがいる。しかし、本当の意味でのリーダーはさほど多くはないようだ。

一流企業の幹部社員のなかにも、投資家からいかに大きな期待をかけられているのかまったく理解していない輩がいる。そんな連中は単にその地位に指名され、会社の組織図のトップにいるか、次のトップ候補になっている、名目だけの「指導者」にすぎない。本当のリーダーは、優れた人格の持ち主でなくてはならないのだ。

ビジネス、政治、親、スポーツ、軍隊、宗教、マスコミ、知識、芸能、学界など、あらゆる職業のなかに指導者がいる。そして、すべての場合、指導者は孤立して存在することができない。指導される人々が必要なのは言うまでもない。

しかし、彼らが素直な集団であることはめったにない。有能で、尊敬されるリーダーは、部下との同意を通し、その地位を維持しているのである。求められている指導者は、反対意見も受け入れられる指導者だ。

リーダーは他人を支配するのではなく、尊敬され、成果をあげ、人からずっと支持される人格の持ち主でなければならない。

リーダーには決断力が要求される。リーダーが事実を認識することが決定的に重要な理由もそこにあるのだ。重要な情報やきちんとしたアドバイスをしっかり伝えるためには、自分の周囲に有能で、優れた忠告者を集め、意見に耳を傾けなくてはならない。

残念なことに、多くの企業や組織で指揮を執っている幹部社員は、大胆で、率直で、才能のある部下を恐れている。彼らが求めているのは、なんでも頷いてくれるイエスマンだけなのである。部下にお世辞しか求めていないのだ。

偉大な実業家ヘンリー・J・カイザーは、自分の意見をしっかりと言えないような人間には耳を貸そうとしなかった。彼は部下にこう告げている。

「悪い知らせを持ってきたまえ。いい知らせばかりだと、自分はひ弱な人間になってしまう」

トップ・リーダーには経験も重要だ。危機に襲われたとき、経験がものをいう。戦闘中の兵士は、ＲＯＴＣ（予備役将校訓練部隊）を出たてでさえない表情の中尉より、歴戦のベテラン兵士に従おうとする。戦場以外の人生のあらゆる場面でも、これは当てはまることだ。

リーダーは自分が責任を負っている人間に、愛情と関心を示す必要もある。忠誠心を捧げようとしている部下は、自分がリーダーにどのように評価されているのか、知りたがっている。気づくかどうかは別にして、給料、特典、権力、権威のためだけに、指導者の役割についている幹部社員は、本質的に時代遅れなのだ。

リーダーシップ三つのR　❷リスク　Risk

リーダーは危険なことにも挑んでいく。

人生で失敗したことがないようなら、あなたは大したリーダーとはいえない。なんのリスクも犯さなければ、ますます窮地に陥ってしまうだけだ。リーダーは、成功の保証のない領域に踏み込まねばならないときもある。その危険領域では、実際に失敗する可能性がある。それは恐ろしいシナリオだ。

二〇〇四年の調査から、フォーチュン千社に勤める幹部社員の五人に三人が、CEOになる気がないことがわかった。二〇〇一年に実施された最初の調査に比べ、その人数は二倍になっている。理由は危ない橋を渡りたくないからだ。

その性質や程度は別にして、リーダーが失敗する確率は、今日、劇的に増加している。しかし、一度も失敗したことがないということは、一度も指導した経験がないのと同じことだ。

成功するためには、新たなことを試みなくてはならない。幼児がためらいがちに最初の一歩を踏み出したり、トイレの使い方を覚えたり、スプーンを口に運ぶようになったり、靴の紐を自分で結ぶ決意をするとき、成功率のことなどまったく考えてはいない。子どものころ私たちは、最初は失敗することを理解していた。一時的に失敗しても、人生の最初の大きな冒険に何度も挑み続けた。

失敗は問題ではない。誤りを明確にして、それを正し、新たなチャンスに変えていくことが肝心なのだ。そのための能力が、どれだけ優秀で、息の長いリーダーになれるかを決定する。

ウォーターゲート事件は、盗聴のために住居に侵入したことではなく、失敗を認め、責任を取り、謝罪できなかったことが問題になったのだ。

選手が失敗したり、転んだりしたのを横で見ていて、野次ったり、馬鹿にしたりするのが好きな人間は、失敗や誤りが成功に向けての貴重な一歩につながっていることに気づいていないのだ。「正しい判断は経験から生まれてくる、そして経験とは誤った判断をすることで身につく」という古い格言を忘れてはいけない。

実行する人間と批評しかしない人間についての、テディ・ルーズベルト大統領の素晴らしい言葉を私は思い出す。

重要なのは批評する人間ではない。人間がどのようにしくじるかとか、どこをもっとうまくやるべきだったか指摘する人間ではないのである。実際に競技場のなかにいる人物が大切なのだ。その人間の顔はほこりと汗と血で汚れている。雄々しく努力している人間、失敗して目的に達せずにいる人、実際に行動している人、素晴らしい熱意、偉大な献身を知っている人、価値のある目標に自らを捧げる人、そして最後には素晴らしい業績を達成するのを知っている人、失敗しても大胆に行動を起こしている人。そういう人こそ大切なのだ。そんな人々の立場を、勝利も敗北も知らない冷淡で、臆病な魂と決して一緒にしてはならない。

真のリーダーは、たまに失敗してもさほど不安を抱くべきではない。だが、自分の名を汚すことのないよう、しっかりと肝に銘じておくことが必要だ。

しかし、同じ失敗をあまりにも繰り返していると、失敗することが当たり前のようになってしまう。強いリーダーは、問題に対する責任を受け入れ、素早く、毅然とした態度でその問題に対処していく。問題の責任があなたにあるなら、解決するのもあなたの責任だ。

つねに立ち向かう姿勢を見せる

リーダーにはいろいろなタイプや特徴を持った人物がいるだろう。

しかし、その核となる性質はほとんど変わらない。それは誠実さ、勇気、想像力、献身、共感、謙遜、自信である。このような性質が多ければ、それだけ有能なリーダーになれる。

ところが、企業の幹部社員の多くは、目もくらむほどの報酬と役員特典しか求めていないのである。政治家の多くも事務所にずっといて、自分の利益になることしかやろうとしない。

私はオフィスの壁に、伝説のCBSニュースキャスター、エドワード・R・モローの言葉を刻んだ額をかけている。

「歴史が決して受け入れられない一つのいいわけとは、困難だといういいわけである」

自分の子どもたちには、この言葉の意味をしっかり理解させた。人生は困難であり、成功するのはさらに難しい。

しかし、やり甲斐のあることには挑戦しなくてはならない。苦労のいらないことをしていたり、リスクのないところでぶらぶらしてばかりいては、あまり意味のある人生は送れない。子どもは鋭い洞察力を持っていて、実行するのと同じくらい、観察から多くのことを学んでいる。だから、とりわけ親は子どものリーダーとして、自分が教えていることを、自から守り実践していく必要がある。

確信を持って行動する

二〇〇一年、我が社は破産の瀬戸際に立たされた。

多量に発行した社債は、一ドルの額面が二十五セントで売買されていた。財政と法律を担当するチームは、ロサンゼルスやニューヨークの破産管財人をチームの一員に加えていた。破産は避けられない、というのが彼らの統一見解だったのだ。

私はCEOの地位を息子のピーターに譲ってはいたが、相変わらず取締役会長であり、会社の筆頭株主であった。私には破産という選択肢はなかった。会社の正面玄関にはハンツマンという我が家の名前が掲げてあり、破産は一族の名誉にかかわる問題だった。

しかし、八十七人の出資者も破産するものと思い込んでいただろう。世の中は金詰まりの状態だった。景気は後退しており、石油化学産業も生産過剰の状況にあった。利益率は落ち続け、輸出も縮小し、燃料費はどこまでも高騰していた。

この凄まじい嵐のさなか、私たちはさらに荒々しい波に打たれた。九・一一の同時多発テロが起こったのである。

混乱のさなかのこの時期、自分が会社の指揮を執る責任者に選んでもらえたことに、どんなに感謝の気持ちを抱いたことか。なぜなら、この前代未聞の包囲攻撃を切り抜けられると、私は確信していたからだ。自分の目が黒いうちは、企業の弁護士、銀行家、高い料金を巻き上げるコンサルタントに会社を支配されることはないだろう。

まず、全社をあげて経費削減のプログラムを開始した。そして、社債の株式化をお願いし、貸付金の借り換えに応じてもらい、増資をして負債の返済に充てた。一つ一つ、私たちは複雑な金融のパズルを復元していったのだ。破産を選んだほうがずっと楽だったろうが、二年半後、ハンツマン社はかつてよりも力をつけ、再浮上した。これには、ウォールストリートも仰天していた。

破産の危機が、自分の本質を深く掘り下げ、自分たちにあるとは思えなかったほど信頼、力、決断力を向上させてくれたのである。逆境を通してこそ、私たちは本来の自分の姿、本当に大切なことに向かい合えるものなのである。

リーダーにはかなりの自信も必要だ。

問題をはらんだ状況で、自分以外の多くの人間が責任を負わなくても済むようにしなくてはならない。自分自身を信じ、状況によって感情に流されたりせず、蓄積してきた力や精神力を利用することで、指導するためのエネルギーは生まれてくる。ほかの人間が倒れても、自分は前進していけるというくらいの自信を持たなくてはならないのである。

誰の心のなかにも「なせばなる」という素晴らしい精神が眠っている。危険に陥ったとき、誰もがこの精神力を発揮することができるのだ。ときには危機的状況のなかで、かえって人間の頭はさえ、独創性が高まることもある。このような状況で、本当の人格が浮かび上がってくるのだ。

リーダーとして選ばれたのは、具体的な施策を立て、部下に勇気を示し、予想以上の成果を出し、目標を達成するためなのだ。一日の終わりに、目標に一歩でも近づいていなくてはならない。さもなくばリーダー失格である。

リーダーシップ三つのR　❸信頼　Reliability

「それが自分にとって何の利益になるというんだ」といった利己的な空気が蔓延している世の中で、優れたリーダーにとって是が非でも必要となる要素が謙虚さである。部下から優れた解決策を引き出すためには、意見によく耳を傾け、相手の価値観を尊重しなくてはならない。

最近、ロイヤルダッチ・シェル・グループの最高経営責任者で、旧友のイェールン・ヴァン・デル・ヴェールとオランダのハーグにある彼のオフィスで会った。イェールンは一九九〇年代のはじめ、ヒューストンにあるシェル・ケミカル社の社長をしていた。そのときから、彼がこの世界最大級の企業の頂点に立つものと、私は確信していた。私たちは信頼しあえる友人になった。

私はリーダーシップについて彼の考えを尋ねてみた。

「ビジネス、政治、宗教のいずれの分野においても、今日の指導者のほとんどが失っている一つの大切な価値とは、謙虚さだよ」と彼は答え、脚光を浴びていた人間が人の話を聞かず、謙虚さを失ったために、高い地位から転落してしまった例をいくつか挙げてくれた。

「そんな連中は、『自分は答えをすべて知っている』と思い込んでいて、賢明で慎重な忠告に耳を傾けようとはしないんだ。彼らが最も重点を置かねばならないのは、自分の後継者となりうる新しい人材を育て上げることなんだ。つまり、自分の能力にある程度、謙虚であらねばならないということだよ」

これに加え、リーダーは自分が指揮している人々に対して率直であらねばならない。いい知らせを伝えることは簡単だ。厄介なのは悪い知らせを伝えるときだ。そのときは、率直になり、自ら責任を取ることだ。いやな予測を伝えなくてはいけないとき、部下には口をつぐまず、きちんと告げておくべきである。しかるべきときに、問題について真実を話すべきなのだ。

私は中学生のとき、ペイレス雑貨店でワゴンと三輪車を組み立てる仕事をもらった。クリスマス・イヴの日、店長がチェリー・チョコレートを一箱渡し、私を解雇した。この仕事が臨時の仕事だとは一言も言われていなかったので、呆然としてしまった。私にとって、それがひどくいやな思い出として残ってしまったので、社員を解雇しなくてはならない状況が生まれてきたときには、かならず率直に話そうと心に誓っている。

目標とされる人間になる

リーダーは純粋で、精力的で、一生懸命でなくてはならない。

この二十五年、私はニューヨーク証券取引所に上場している五つの企業の役員を勤めてきたが、その間、会社に貢献していると思える人物には、ほとんど出会わなかった。取締役たちは、ウォールストリートの空気に乗せられてしまい、短期的利益にばかり目を奪われ、馬鹿げた決断を下している。これでは企業を長期的に健全に保っていくことができなくなってしまう。

ほとんどの企業の取締役は、分をわきまえているはずだ、とあなたは思っているだろう。世間では、彼らは一応、頭の切れる、成功した人間だということになっている。あいにく、取締役会の多くは、株主の長期的な利益をきちんと保護できない社交クラブにすぎない場所になっている。

大半の企業の取締役は、自分が指揮している会社の産業に関する専門知識を持っていない。経営陣はこのような取締役を簡単に操ることができる。なぜなら、彼らの主な関心は、報酬、退職手当て、社会的地位に向けられているからだ。一般的に、会社のために大したことはやっていないのである。彼らがなんとしても避けようとしているのは、ＣＥＯ、会長、ほかの取締役と争うことだ。

かなりの企業の取締役が、集中力、専門知識、団結力、健全な判断力を持っていないと知ったら、株主は憤慨するだろう。取引がうまくいかなかったり、倫理的な失策が暴露されたりしたときには、彼らはかんかんに怒ってＣＥＯをクビにする。

しかし、事前にCEOがまずい取引をしたり、モラルに反する決断を下すのをやめさせおけば、自分の義務をもっときちんと果たせたはずだ。

新しい手段を提案したり、倫理的関心を提起したり、株主の長期的な利益に重点を置いたりしてくれる経営陣にこそ声援を送るべきである。

今日のビジネス界で、大いに尊敬されているCEOはたくさんいる。彼らは献身的で、才能があり、誠実な人物である。企業を指揮するためになぜ自分が選ばれたのか、きちんと認識し、責任も受け入れている。それは企業を健全な状態に保つことであり、仕事や社会に最大限の責任をもって多くの利益を生み出すことである。そして倫理に反することは絶対にしないことだ。

船が危険な状態に陥ったとき、全員の目が船長に注がれる。部下の過ちだったとしても、失敗の責任を取り、船を操縦して難関を切り抜ける責任は船長にあるのだ。成功するより、失敗を訂正することのほうに努力がいるものなのである。

高い給与はもらえなくても、モラルのあるリーダーがいる組織に参加しようという人間がかなりいるのだ。

大半の人が、賞賛され、尊敬される指導者を求めている。企業、宗教、政治、親、教育などのどんな組織であれ、人々はそのようなリーダーに憧れ、人生のモデルにしたくなるだろう。

この素晴らしい見本が、現在マサチューセッツ州知事のミット・ロムニーである。彼はスキャンダルまみれだった二〇〇二年の冬季オリンピックに高潔さを取り戻した。素晴らしいリーダーシップが広まっていき、オリンピックに大勢のボランティアが組織された。その結果、近年の歴史で最も成功したオリンピックとなった。

逆にいえば、指導者は人から見られ、真似されてしまう。倫理を逸脱した行為を犯せば、他人にひどい悪影響を及ぼしてしまう恐れがあるのだ。

正しい道を歩む勇気を持つ

リーダーシップがあるかどうか確認する際、一番重要な要素となるのは勇気かもしれない。いくら正しいことと、間違ったことをきちんと判断できたとしても、勇気がなければ毅然とした態度を取ることはできない。

家族であれ、ビジネスや政治の分野であれ、リーダーは自分のモラルが問われたときには、臆病な心に立ち向かう覚悟をしなくてはいけない。正しい、公正な道を追求しているなら、いかなる批判や嘲《あざけ》りも無視しなくてはならない。

優れたリーダーは人から嘲られることも想定に入れている。勇気は絶対に必要だ。勇気がなければ、ほかの大切な美徳も失われてしまう、とウィンストン・チャーチルは述べている。

「勇気は人間にとって最も大切な長所であり、ほかのすべての長所を保証してくれるものだ」

企業のリーダーのたった一つの責任は、あらゆる法的手段を駆使して、企業の利益を増やすことだ、と主張するエコノミストもいる。このようなエコノミストは、本質的に営利企業にはモラルはない、と論じている。詐欺や違法行為をしなければ、何をやってもかまわない、と言っているのだ。

このような考えを受け入れたとすれば、幹部社員が倫理に反することをしたり、ビジネススクールの学生がモラルをあまり考えずに社会に解き放たれたりしている状況を理解するのも難しいことではない。謙遜、礼儀正しさ、社会的リーダーシップなどいらないように思えてしまうのである。法の抜け穴を見つけられたなら、人にどう思われようとその手段を活用すべきだということになる。

いかに不誠実で、違法スレスレで、まともではないことでも、公式のルールを最大限に拡大解釈すれば、成果を最大にすることができるようになる。いや、最大にしなくてはいけない、ということである。

となれば、今日、私たちが道徳が疎んじられる茨の土地にいることを、一概に非難はできなくなる。実際に、「建物に倫理がないのと同様、ビジネスそれ自体にも倫理はない」というエコノミストの意見に、ある程度は頷ける。倫理的基準を持つことができるのは人間だけなのだから。

私が意見を異にしているのは、企業の幹部社員が職業モラルを持っていれば、守秘義務など不要になるということである。

おそらくビジネスそれ自体は道徳とは関係ないかもしれない。しかし、企業のリーダーは道徳的決断に従って行動しなくてはならない。市場の圧力にさらされると、道徳に基づいて行動するにはかなりの勇気が必要となる。しかし、誰が持っていようと、どんな握り方をしていようと、羅針盤はつねに北は北、南は南を指しているのだ。

臆病な人間や、怖気づいた人間は、道徳の羅針盤に従うことはできない。リーダーの名に値する人間は、管理技術やマーケティングの知識と同じように、自分の抱く価値観や勇気が評価されているから、今の地位にいられるということをよく理解している。

「しかり」を「しかり」
「否」を「否」としなさい。

ヤコブの手紙：5節12章

最初の米国憲法の修正事項は45語
主への祈りは66語
ゲッティスバーグの演説は286語
独立宣言の言葉は1322語、
しかし、キャベツ販売に関する政府の規制は
2911語もある。

ナショナル・レビュー

勇気を持った一人の男が
多数派を作る

アンドリュー・ジャクソン

5 約束を守る

シェークスピアは、「私たちが最初にやらなくてはならないことは、すべての弁護士を抹殺することだ」と言っている。本気で言っているわけではないだろうが、この言葉を耳にして、にやりとすることは許されるだろう。

著しい例外はあるが、この世の中から誠実さが失われてしまった責任は、多かれ少なかれ、どの人間にもある。しかし、重い責任を引き受けなくてはならないのは弁護士、とりわけ企業のお抱え弁護士たちである。

最初はそんなつもりではなかったのだろうが、弁護士はロースクールで調停ではなく、勝つことを訓練されている。かつては、握手をして、ビジネスの取引を確認したものだった。

ところが、法律の保護を装って、多くの企業弁護士が握手を意味のないものにしてしまった。おそらく、彼らは気づかぬうちに、世の中に不信の渦を作り出し、長年の友情を破壊し、人と人との間の善意を、法の抜け穴、免責条項、あいまいな逃げ口上に交換してしまったのだ。

契約を複雑にしない

証文と同じくらい効力を持っていた握手は、いつの間にか法律に従属させられることになった。

かつて握手で成立していた取引は、ベルサイユ条約と見まがうほど複雑な例外事項と付帯事項が小さな活字で書き記された法律種類を用意しなければ成り立たなくなってしまった。

このやり方には大きな弱点がある。なぜなら、ビジネスの実務経験を持つ弁護士はほとんどいないからだ。彼らの目は、すべきではないとか、できないといった否定的な理由に重点が注がれている。これら法律の番犬たちが、この否定のコーラスのテノールとソプラノ部を受け持ち、これに銀行、会計士、コンサルタントがアルトやバリトンで加わることで、絶望的な賛美歌は完璧なハーモニーを奏でる。

エール大学マネジメント・スクールの幹部社員プログラムの副学部長ジェフリー・ソンネンフェルドは、『ビジネス・ウィーク』誌の記事のなかで、企業のお抱え弁護士を「拒絶担当副社長」と呼んでいる。

問題は、依頼主が弁護士に決断を下してもらおうとするときに発生する。弁護士にそんな資格はないのだ。最近の『インク』誌の記事のなかで、作家のノーム・ブロッドスカイは次のように述べている。

「賢い弁護士は、自分の専門知識では限界があることを理解し、法的なアドバイスを与えるにとどめている。ところが愚かな弁護士は、前払い金を請求し、状況を台無しにしている。弁護士はビジネスマンではない。ところが、自分をビジネスマンだと思わせようとしている弁護士は多いのだ」

実績を築き上げてきたのは、CEOをはじめ、企業の幹部たちだ。ところが彼らはその事実を忘れ、仕事の内容に口出しする資格などない弁護士が出してくる断片的な「知恵」をことごとく採用している。

人間は本質的に誠実である。しかし、あなたが法律という拳銃を持っているなら、相手側も同じように拳銃を持つようになるだろう。その時点で、交渉は弁護士を通して行われるようになってしまう。

本当に必要になるまで、屋根裏部屋に鍵をかけ、弁護士を閉じ込めておきなさい。私は合併の交渉の席から弁護士を一切締め出し、法律の専門知識が必要なときだけ呼ぶことにしている。

弁護士がほかの職業の人間より、生まれつき非倫理的で、邪悪な性質を持っているというわけではない。弁護士が個人の倫理より職業の論理を優先させていることが問題なのだ。たとえ相手側に不必要な損害を与えたとしても、依頼人の利益を最大にするよう教えられているせいである。

マレー・シュワルツはかなりの技量と名声がある、弁護士のなかの弁護士とも呼ばれる人物だ。そんな彼が依頼人のための代弁者として振る舞うとき、「法的にも、職業的にも、道徳的にも、どんな手段を利用し、どんな目的を達成したか説明する義務は弁護士にはない」と主張している。

元ユタ州最高裁判所の首席裁判官マイケル・ジンマーマンは、「このような言い草は、倫理的責任を回避するための都合のよいいいわけにすぎない」と見なしている。

たしかに、弁護士だけが、仕事から個人の倫理を切り離している職業集団ではない。自分の市場を拡大し、企業の利益を上げることしか頭にない、タバコ会社の幹部社員は、タバコを人に無理やり吸わせているわけではないという単純な主張で、自分の良心をごまかそうとしている。利益を重視するビジネス理論のなかでは、タバコで犠牲者がでようがでまいが関係ないことなのだ。

政治家もごまかしたり、嘘をついたりしている。落選しないために多くのことを公約はするが、それが果たされることはほとんどない。恋と戦《いくさ》と同様に、再選のためには手段を選ばないということだ。

メディアは、「知る権利」を盾に取り、言論の自由を振りかざし、ずさんで、不公平で、偏向し、間違った報道を垂れ流している。

何度も言うようだが、ウォールストリートでも儲かれば何をやってもいいという空気が濃厚である。

私が言いたいことは、このような従来の職業慣習に、もっと重要な倫理や人間としての品格を優先させなくてはならないということだ。誠実さこそあらゆる徳の中心だと、肌で感じているからである。近頃、相手の言葉を信じようとせず、自分が誤っても責任を取らない人間が多くなった。実に嘆かわしいことだ。

個人的責任と「口に出した言葉は証書と同じ」という考えを復活させれば、弁護士にさほど頼らなくても済むようになる。相手に信頼の意を表し、責任を受け入れ、約束を守っていれば、多少わずらわしいことがあったにしても、法律や社会的に不愉快な出来事はかなり避けられるものだ。

近所の人や仕事の同僚と意見が衝突するたび、弁護士を呼んだりはしないはずだ。基本的な道徳的価値をしっかり守ってさえいれば、大量の法的な契約は必要なくなるだろう。

自身も弁護士だったアブラハム・リンカーンは、ずばり的を射た言葉を述べている。

「訴訟を思いとどまりなさい。まずは近所の人を説得し、妥協させなさい。弁護士には、仲裁者として世に役立つチャンスはたくさんある。だから仕事に困ることはないだろう」

自分で決断を下す

アメリカには、一人のエンジニアに対して四十人もの弁護士がいる。一方、急成長している中国では、一人の弁護士につきエンジニアは四十人だ。はっきりとした理由があるわけではないが、この状況はアメリカにとってマイナスのことかもしれない。ビジネスの世界での倫理的な問題の数が、弁護士の増加と比例しているのは、単なる偶然なのだろうか。

「ビジネスの決断には、必然的にリスクも含まれている」とノーム・ブロッドスカイが『インク』誌の記事に記している。

「だから、弁護士ではなくビジネスマンが決断しなくてはならないのだ。どれくらいリスクを進んで受け入れるのかは、実際に仕事に携わっている人間にしかわからない。あいにく、リスクを査定する責任が依頼者側にあることに、気づいていない弁護士がいる」

誤解しないでいただきたい。弁護士に耳を傾けるのは大事なことだ。しかし、それはあくまでセカンド・オピニオンとしてである。あなたの意見が最初の意見であり、最終意見でなければならない。

法的なアドバイスがなければ、行動したり、前進できない人がいる。それでは、個性を失うだけだ。ほかの人間が代わりに考えたり、話したり、行動したりしていれば、結局は自分以外のすべての人間を疑いの目で見てしまうようになる。

弁護士がいるせいで、人生ははるかに複雑になってしまった。困るのは、自分のそばにいつも弁護士を置いておく必要があると信じてしまい、交渉相手が何かをたくらんでいるものと思い込んでしまうことだ。

細かいところにこそ足をすくわれる罠があるので、交渉は弁護士にとってお金の儲かる素晴らしい仕事なのだ。医学やコンピュータ・プログラミングと同様に、法律は複雑だ。だから、そこに口を挟む立場にはないと多くの人間は思っている。

しかし、そうではないのだ。口を挟んだほうが、絶対に結果はよくなるし、ビジネスの道理にもかなっている。

弁護士は、完全無欠なものなど一つもない、と私たちに信じ込ませようとしている。どんな契約も破られる可能性があるし、どこもかしこも抜け穴だらけであると。

法律は厳密に定められているわけではない。法の解釈次第で依頼者に頼まれたことはすべて、実現してしまうのである。

私たちは何かで人から訴訟を起こされるかもしれない。簡単な申し立てで、信用は失われてしまうかもしれない。エンロンの会計監査と同様、握手には意味がなくなってしまった。

言いたいことはそれだけだ。幸い、私の場合、純粋に正義を求め、誠実な取引を受け入れてくれる素晴らしい弁護士に恵まれてきた。今日、政府が作った数多くの規制や契約書には、専門用語や法の落とし穴が埋め込まれている。そんなとき、弁護士が案内人として役に立つのは確かだ。

ＣＥＯはリスクを取る人間である。また、きちんとした倫理的な道を歩む決断をしなくてはいけない人間であり、会社という船のスピードと方向を指示する人間でもある。このすべてを弁護士が決定するようになってしまえば、会社を指揮するのは弁護士になってしまうのだ。しかし、私が知るかぎり、企業の顧問弁護士の地位は助言者止まりである。

訴訟が花盛りの昨今、法律の学位を持ったＣＥＯを求めている企業が増えているのは驚くことではない。しかし、多くの例外はあるにしても、この流れは間違っているように私には思える。

弁護士は、会計や財務の勉強はしているかもしれない。しかしチーム一丸となって、企業のリスクを引き受け、握手で相手にすべてのことを語り、ビジョンを売り込むことは、法律の世界で生きてきた人間にはそうやすやすと身につけられるものではない。

弁護士資格を持ったＣＥＯの企業が、財政面で大きな損失を出してしまうのをしばしば目にしてきた。顧客を満足させることより、訴訟の専門用語のほうが大切になってしまうからだ。純朴で、率直な人間関係を維持したいと願っている企業やＣＥＯにこそ、天は手を差し伸べるのである。

『ビジネス・ウィーク』誌は二〇〇四年に、「ＭＢＡの代わりに、ＪＤ（法学博士）の称号を持ったＣＥＯを探そうとしてはならない」と書いている。

握手の意味を決して忘れない

約束を守るには、大きな決意が必要とされることが多い。自分も関わったその例を次に挙げてみよう。

一九八六年、グレート・レイクス・ケミカル社の会長兼CEOであるエマーソン・カンペンと長い交渉の末、五四〇〇万ドルで我が社のある子会社の株を四〇パーセント譲渡することに同意した。

交渉は長く、厳しかったが、握手をして取引を確認した。

それ以来、カンペンの噂は聞いていなかったが、話し合って四ヵ月ほど経ったときのことだ。グレート・レイクス社の弁護士が電話をかけてきて、書類をいくつか作成したいと言ってきた。いつものごとく、彼らは仕事をわざとのろのろやっていたのである。このごく簡単な売買契約を書類にするのに三ヵ月もかかった。握手から書類作成までには、実に六ヵ月半もの時間が過ぎていた。

その間に、原料価格がかなり値下がりし、利益率は過去最高となり、半年で利益は三倍になっていた。この時点で、グレート・レイクス社との契約書はまだまとまっていなかった。

カンペンは電話で、驚くべき提案を申し出てきた。

「銀行家によると、例の子会社の四〇パーセントの所有権は、現在、二億五〇〇〇万ドルの価値がある。私は握手し、半年前に五四〇〇万ドルの値で同意した。しかし、全額とまでは言わないが、せめて利益の半分を支払わなくては不公平だ」と言ってきたのである。

しかし、私はその申し出を断った。我々は握手をして、五四〇〇万ドルで同意したのだからその必要はない、と私は説明した。弁護士が作成すべき書類は、まさにその価格でなのだ。

「しかし、それでは公平じゃない」とカンペンは答えた。私は、

「エマーソン、お互い自分の会社のために交渉したんだ」と返事をした。

カンペンは私と握手したことをしっかり覚えていてくれた。墓場まで握手の意味を

忘れなかったのだ。

彼は生前、自分の葬式で挨拶してもらう人間を選んでいた。それはインディアナ州知事（現上院議員）のエヴァン・バイと私だった。エマーソンとは個人的にさほど親しい間柄ではなかったが、二人とも大切な教訓を教えられていた。私はグレート・レイクス社に、譲渡価格として二億ドル余計に支払わせることもできただろう。しかし、決して誘惑に惑わされたりはしなかった。握手は、契約と同じことなのだ。

自分を、そして相手を信頼しなさい

弁護士を追い払う必要はない。あくまで法律のアドバイスのために利用し、最終的な判断はビジネスの専門家が下せばよいのだ。もっとお互いを、そして自分自身を信頼しなさい。

ジャーナリストで作家の故フランク・スカリーはかつて次のような質問をした。

「危ない橋をなぜ渡らないのか？　そこにこそ果実が実っているのではないか？」

しかし、やみくもに信頼すればいいというわけではない。慎重なビジネスパーソンは自分が交渉する相手や、交渉する内容のことをしっかり把握しているものだ。この点で、ロナルド・レーガン元大統領は、素晴らしい言葉を述べている。

「信頼はするが、確認しておきなさい」

自分の直感や評価能力を信頼すれば、相手が信頼できる人物かどうか判断するのにさほど手間はいらないだろう。

信頼と誠実さこそ、自分の人格を導く船頭であることを肝に銘じておけば、正直に打ち明け、約束を果たす人間として人々の記憶に残るようになるだろう。

個人も企業も誠実でなければならない。握手をすれば約束はしっかり守られると、心の奥底ではわかっているものだ。「武士に二言はない」という日本の言葉を耳にしたことがあるだろうか？　握手は署名した法的書類と同じものなのだ。

考えられる最高の結果を求めて、真剣に、細心の注意を払って交渉を行うべきである。しかしいったん握手をしたなら、何があってもそれを尊重しなくてはならない。

取引に同意する前に、厳しい交渉があるのは当たり前だ。しかし、握手で交渉は終了する。その約束があなたの最大の資産であり、誠実さこそがあなたの最高の美徳なのである。

正直な人間は、
相手を怒らせるかもしれないが、
真実を語る。

虚栄心の強い人間は、
相手を怒らせるために、
真実を語る。

ウィリアム・ハズリット

他人を知るものは智者であり、
己を知るものは明者である。

老子

6 賢い忠告者を賢く選ぶ

孫や子どもたちは、私がタイムマシンにでも乗って、別の時代からやってきた人間だと頑なに信じている。コンピュータの学習をしてしないので、eメールの使い方などまるで分からない。手紙やメモは、手書きがほとんどだ。

今日のハイテクの世の中でなんとかやっていけるのも、自分の周りにテクノロジーの知識を持っている人間が大勢いてくれるおかげだ。逆にいえば、このような状態にあるからこそ、いろいろな意味で、人間関係がもっと血の通った心地よい状況でいられるのである。

自分より優れた人間を選ぶ

自分に知識がなければ、知っている人を探せばよい。私の周りには、才能も技術も、活力も将来性もある、素晴らしいスタッフが揃っている。彼らハンツマン・チームのメンバーは、次の義務があることを承知している。

◆正しい価値観を貫く
◆会社への忠誠
◆CEOへの忠誠
◆能力（コンピテンシー）

要するに、私は倫理的で、忠実で、才能のある社員を探しているのである。

才能のある人材を見つけるだけなら簡単である。しかし、才能以外の基準に見合った人物を見極めるには、熟練した目と耳が必要になる。

性別、人種、宗教、政治、民族、学歴、家系、髪型などによって、採用を躊躇してしまう経営者もいるが、私にとってこれらの要素は重要なものではない。言葉や見た目ではなく、その人物の行動によって判断を下しているからだ。

ハンツマン社の従業員は、三〇年前の創業当時はわずか二〇〇人だったが、現在は一万六〇〇〇人にまで増えている。彼ら、大勢の社員を指導するために私は、自分よりはるかに優れたリーダーシップや特殊技術を持った人材を探し出してきた。

たった一人で生きていける人間などいない。人間は互いに助け合って生きていくものだ。一人がうまくやればほかの人間も向上し、一人がつまずけばほかの者にも影響が及んでしまう。

ワンマンチームなど、実際はどこにも存在しはしない。

成功は力を合わせて努力した結果、生まれてくるもので、自分のそばに立っている人間によって決まるのである。

同じ価値観を持った人間を選ぶ

自分と似た、または自分以上の優れた価値観を持った人間が周囲にいてくれたおかげで、私はつねに力を与えてもらうことができた。彼らは私と同じ情熱やビジョンを抱き、しかも私より素晴らしい能力を持っている。

ハンツマン社が成功してきた理由をよく尋ねられる。ゼロから始めて、成功へ至る公式とは何か？　私はまずその要因として、誠実さ、洞察力、献身、決断する勇気を挙げている。それが、ライバル企業や現在の市場と、我が社とを差別する特徴でもある。

これに加え、自分を取り巻く人間を慎重に選ぶことである。自分と価値観を共有し、ストレスのあるときも決して志を曲げず、目標を理解し、賢くて、忠誠心を貫ける人材を。

『ウォールストリート・ジャーナル』誌が、企業が採用する際に求める人材の特質についての調査を行った。

上位の三項目は、人間関係の技術、チーム内できちんと仕事をする能力、個人の誠実さ、の順で並んだ。興味深いことに、仕事の経験や戦略的思考は、新規採用をする際に、最も望ましい二十の特徴の中位に甘んじた。

自分と価値観が一致していなければ、売上げ抜群のマネージャー、才能のあるコンピュータ・エンジニア、優秀な製造監督者を雇っても、大したプラスにはならない。たとえ危険な変化が現れたとしても、価値観が違えばあなたに伝えてはこないだろう。社員が心の羅針盤の北と南を区別できないなら（さらに悪いことにはそんなことにお構いなしだったら）、組織が正しい方向に歩んでいくことなどできるわけがない。きちんと話の通じ合える人との関係を深めていくべきなのだ。

学歴や経験に違いはあっても、社員は基本的価値観を分かち合い、あなたが組織に求めている文化に従っていなくてはならない。さもなくば、厳しい結果を覚悟しておくことだ。企業倫理をつねに重視しておくことを忘れてはならない。

同じ志を持つ人間は、必ずしも簡単に見つけられないかもしれないが、探してみるだけの価値はある。また、あなたには倫理的基準を確立し、強化していく責任があるだろう。幹部社員に、手抜きや不誠実な経歴があったとすれば、組織と組織内の全員が、その代償を支払わされることになるだろう。

人気と尊敬の違いを知る

若いころ、私たちは無意識のうちに同じ価値観を持っている友人を選んでいた。不誠実な人間とは付き合いたくなかった。そんな連中といると不安になってしまうからだ。嘘をつくのはあまりに愚かで、不必要なことのように思えた。不誠実な態度を好ましく思う人間などどこにもいない。

今、思い出してみると、私が付き合っていたのは、学校での人気はそれほどでなくても、尊敬されている生徒だった。彼らが尊敬されていた理由の一つが、誠実だったからである。

同じ意味のように使っていても、人気と尊敬との間には違いがある。前者は外面的なプラスの性質だが、後者は人の内面、すなわち人格面におけるプラスの評価である。私たちは有名人を賞賛しているが、かならずしも尊敬しているわけではない。素晴らしい先生を尊敬していても、好きだとは限らないのだ。

人気と尊敬のどちらも手に入れている人もいる。しかし、この二つのうちどちらかを選ぶとするなら、かならず尊敬を勝ち取る努力をしなさい。

人気者になることと、自分の個人的価値観に忠実でいることのどちらを選ぶか決断しなくてはならない場合があるだろう。すぐに満足できることや、打算的な道ばかり選んでいると、末永い成功と尊敬を作り出してくれる人格は失われてしまう恐れがある。自分の価値観をずっと見失わないようにするためには、人から尊敬されている友人や同僚を選ぶのが賢明だ。そうしていれば、相手に不信感を抱く必要もなくなる。

最近、二〇〇人の中・高校生と顔を合わせる機会があった。私が、尊敬と人気との違いは何かを尋ねてみると興味深い答えが返ってきた。

一人の男子学生が、尊敬とは「自分が正直で、適切なことをやっているのがわかったとき、自分に対して抱く感情」だと定義した。何気なく言ったことかもしれないが、これはすばらしい答えだ。なぜなら、自尊心のない人間は、他人を尊敬することもできない、という真実を言い当てているからである。

さらに、「一人の人間が人気と尊敬の両方を手にすることができるか」と質問すると、一人の中学生が「自分の価値観を守り、親切に、愛情を込めて人と付き合っていれば、それも可能だ」と答えた。

しかし、この二つを同時に持てる人間は稀である。だからこそ、どちらかを選ぶことになったとしたら、人気が一時的なものであるということを思い出してもらいたい。人気ではなく、誠実さを身をもって示していくことだ。お互いに敬意を払えないようになったなら、人間関係も長続きしないだろう。

倫理学者のマイケル・ジョセフソンは、

「倫理とは、予想以上の代価を払わなくなったとしても、正しい行為を貫くという姿勢である」

と説明している。ここには私が言いたかったことがずばり表現されている。人から尊敬されるにはかなり高い犠牲を払わなくてはいけないことも少なくない。しかし、人は進んでその代価を支払わなくてはならないのである。

良心に従う勇気を持つ

仲間うちで自分だけが袂《たもと》を分かち、大多数の反対を前にして自分の筋を貫き通すことは難しい。

いかに他人がやっていることが昇進、人気、富を手に入れるのに役立つことでも、自分が口にすれば仕事や公の立場を危うくしてしまう場合でも、率直に意見を述べるべきだ。そのためには勇気が必要になる。しかし、いかにリスクがあっても、自分の良心に忠実に従うことが、強い力となるのだ。

勇気を奮い起こす方法を教えてくれる本や学校など、どこにもない。勇気とは、自分の心の奥深くから湧き出てくるものだからだ。正しいことと間違ったことを理解することではなく、正しい道を選び取る能力のことをいうのである。

倫理的板ばさみの状態は、結局、どっちつかずの状態に置かれている場合に発生する。状況が正しいか間違っているかに気づいていても、明白な違法行為に足を踏み入れてしまわない限り、このグレーゾーンを歩き回っていることにしよう、と結論を下すものがいる。

しかし、それは思い違いだ。いつの間にか倫理の境界線を踏み越えて、結局、違法行為に手を染めてしまうのが落ちだ。

自分の両隣に座ってもらう人間を慎重に選ばなければならない重要な理由がそこにある。人生というフィールドのどこに境界線が引かれているのかを突き止める、鋭い嗅覚を身につける必要がある。

境界線がどこにあるかについて、あなたと部下の間には共通の認識がなくてはいけない。ほんのわずかなグレーの領域でも、倫理の境界線の外にある。たとえ違法行為にはならないグレーゾーンで、理論的には法を犯すことでなくても、危険な営みであることに違いない。最悪の場合には、不適切な行為になってしまうだろう。明確に定められた規則より、定期的に心の羅針盤を確かめて、自分の核となる価値観を強化することのほうが、企業にとっては大切だ。

自分の行動が倫理を逸脱しているかどうか確かめねばならないような場合、それはおそらく間違った行動である。

成功すると本気で思う

幸運にも、私は「なせばなる」という素晴らしい精神を持った人々と付き合うことができた。彼らは、外部の人間より自分のほうが倫理的な決断を下せることを知っている。

法曹界やコンサルタント会社、銀行に有能な人材がいることは確かだ。しかし、ほとんどの場合、彼らは自分でリスクを負うことはない。だから、危険な領域に偉大な帝国を打ち立てることで味わえる、本当の喜びや満足感を知ることは絶対にないだろう。彼らは自分の財産や利益を、慈善的な目的に捧げることから生まれる満足感も味わうことは難しい。

二〇〇一年から二〇〇三年にかけ、憂鬱な日々が続いていた。

ガソリン価格が上昇し、景気後退が続いていたこの時期、ほかの石油化学産業の企業と同様に、ハンツマン社も生産過剰の状況にあった。失敗しうる危険がいたるところに転がっていて、我が社は財政危機に瀕していた。

顔には出さないように気をつけていたが、私は落ち込んでいた。周囲を取り巻く不況という凶暴な鬼を、私が退治できると信じてくれる同僚はほとんどいなかった。

ある時、上級幹部の一人が私のもとにやってきて、

「破産を申請しなければ、会社を辞めさせてもらう」と申し出てきた。

破産したほうがよいと口にしたことが、問題ではなかった。私に忠告を与えることが彼の役割で、それを果たしたまでのことだから。

しかし、「ハンツマン社を辞める」と口にした瞬間、彼は一線を踏み越えてしまった。

もはや私と彼との価値観は異なってしまったのだ。アドバイザーや役員との間にこのような状況が生まれたときと、私は同じ措置を講じた。彼と袂《たもと》を分かつことにしたのである。

人生のあらゆる段階で、成功できるという確信を持たなくてはならない。さもなくば、それはすでに失敗したのと同じことだ。

チームの誰かが、もうダメだと思っているようなら、その人物（またはあなた）がその場を立ち去るべきなのである。

最も心が通じ合った人間（配偶者、子ども、親）が、信頼できる忠告者になってくれる場合が多い。なぜならあなたのことを一番わかっているからだ。

それはとりわけ、私の妻カレンに当てはまる。私は決断を感情で下す傾向があるが、彼女の場合は頭だ。問題に対して健全で、論理的で、冷静に取り組む姿勢を身につけているのである。

別の言葉で言い換えれば、私より疑り深い性格なのだ。それもこれも、私を食い物にしようとする人間を何人も見てきたためである。

よく私はカレンを、彼女こそ「真の会長」（一九八八年、『フォーブス』誌がこの称号を彼女に授けている）だと紹介している。これは冗談で言っているのではない。彼女は自分の意見をしっかり持っていて、はっきり口に出してくれる。子どもたちは愛情を込めて、「クイーン・マザー（皇后さま）」と呼んでいる。

彼女は、二〇〇一年から二〇〇三年にわたるハンツマン社の財政危機を乗り切れると、最初から固く信じてくれた唯一の人物だった。

NOと言える部下を持つ

自然のなかに、まったく同じものは一つもない。人間は一人一人が独自の存在なのである。

隣の人物を真似ようとしたなら、自立性は失ってしまう。失敗は大勢に従った結果、起こることが多い。従っている人物の人格に、誠実さや勇気が欠けていれば、その弱点が自分にも移ってしまう。逆に、誠実さのような長所を示している人に従うと、自分の決断力や人格も強化されていく。

奇妙に思えるかもしれないが、私は経営者を採用するための面接で、学生時代の成績に関する質問は一切しない。彼らが何を専攻していたのか知りたいという気持ちもない。

断言しておくが、人物の経歴は調査するが、そこで探しているのは誠実さ、献身、勇気の証だけである。自分のそばにいてもらいたい人物の人格を知りたいからだ。

候補者が在学中、定職に就いていたりアルバイトをしていた場合には得点が加算される。学位を取得するために、学費を自分で負担していたのだとすれば、献身的な努力の持ち主であることがわかるからだ。

ホワイトハウスに在職中、私は毎日、大統領主席補佐官のホールドマンと意見を交わしていた。

ホワイトハウスに呼び出されるようになったとき、「王様の列」にそって腐敗した空気が漂っていることに気づくには、数ヵ月と要さなかった。誰もがどんなに犠牲を払ってでも、ホールドマンを満足させようと必死だった。

彼は管理方針として、自分が承認できる情報しか求めていなかった。「ちょっと待って、これは間違っている」と忠告するスタッフは、誰一人としていなかった。

彼が部下の選択を誤った原因は、イエスマンしか選ばなかったことにある。法的問題、倫理的課題、判断の誤りは覆い隠され、否定されていたのである。ホールドマンと彼の側近たちは、イエスマンではない私に戸惑っていた。

ある晩、ホールドマンはチームを大統領のヨット、セコイア号の船上晩餐会に招待した。ヨットはポトマック川をゆっくり下っていた。美しい夜だった。船上には、のちにその名が知られることになる、チャック・コルソン、アレックス・バターフィールド、ジョン・ディーン、ジェブ・マグルーダー、ロン・ジーグラー、ドワイト・チョピンといった面々がいた。

晩餐会の終わり、デザートが出される時間、ホールドマンは集まった面々にこんな質問をした。

「一日中働いてばかりで、ほかの連中と付き合おうとしないジョンを、オフィスから連れ出す何かよい方法があると思うか？」

それはジョークであり、ジョークでなかった。私があくせく働く癖をホールドマンはからかっていたわけが、そこにはもう一つのメッセージも込められていた。

数ヵ月間、彼は私を側近グループに引き込もうとしていたが、私はその誘いを断り続けてきた。会議に参加し、自分の責任を果たしてはいたが、彼らとは距離を置き、独立を保っていたのである。

嫌いだった人間は一人もいない。ホールドマンでさえその例外ではなかった。心から賞賛している人物もいたし、尊敬できる人物も数人いた。私たちは一日に十四時間から十六時間、共に働いていて、家族も同然だった。

その日の終わり、私は彼らと一緒にいるのが嫌になってしまった。人生で何が大切なのか、彼らとは意見が食い違っていた。

自分が向かっている先が不適切だと忠告してくれる人物を、私はつねに大切にしてきた。私は誠実であることに価値を置いている。いいことも悪いことも、どんな知らせも受け入れることにしている。

多くの指導者が、自分に都合のいいことしか聞きたがらない。しかし、そのような人間に雇われるのは危険だ。悪い知らせに耳を塞いでいる人間は、自分が道を踏み外していたとしても、他人の意見には決して耳を貸そうとしない。

悲しいことだが、それが内部告白者のニュースが溢れている理由なのだ。

しかし、内部告発者だからといって、不誠実な社員というわけではない。ただ、自由に意見が述べられる空気が社内にないことに失望した結果にすぎない。上司が悪いニュースを聞こうとしなかった報いである。


私たち全員が、道徳的に優れたリーダーになる能力を持っている。親もCEOも、倫理的で、正しい道をきちんと判断する知恵は持っている。

その知恵を実行に移せるかどうかは、勇気の問題だ。本当のリーダーと、リーダーのふりをしている人間を区別するのは、肩書きではなく勇気なのである。

祈る価値のない問題に、不安を抱く価値などない。

作者不詳

私は長年生きてきて、多くの困難を知ってきたが、
そのほとんどは自分の身に一度も起こらなかった。

マーク・トゥエイン

7 怒っても、復讐しない

二〇〇〇年の大統領選挙のあと数年間、ライバルのジョージ・ブッシュに敗北したアル・ゴアはいつも怒っているように見えた。

一般投票で多くの得票を獲得したにもかかわらず、最高裁判所はブッシュがフロリダ州で勝ったとの判決を下し、選挙人団の票がブッシュのほうに行ってしまったことに憤慨し続けていたのだろう。

私たちの多くも似たようなものだ。家族、友人、仕事の同僚、マスコミ、政治家のいずれであれ、ときどき何かしらのことで感情を傷つけられている。そのとき、まず浮かんでくるのが殴り返してやりたいという激しい衝動である。

復讐は不健全で、非生産的である

映画『ミスタア・ロバーツ』（一九五五年米国映画）でパルバー少尉がしたことを自分もやりたくなる。彼は、ロバート中尉をひどい目に遭わせた艦長に仕返しするため、船の洗濯室を爆破した。

しかし、復讐するよりもっといい、生産的な手段がある。簡単なことだ。気にせず次に進むことである。怒りはいずれ消えていくものだ、と考えることだ。

失ったお金を取り戻すことも、競争相手の反則行為も忘れてしまいなさい。癌にかかってしまったことをとやかく言っても始まらない。起きてしまったことは素直に受け入れ、前向きに堂々とした態度で前進しなさい。私は二度も癌にかかったが、くよくよ考えたりはしなかった。

かなり前のことだが、カリフォルニアにいる友人が企業の合併に失敗してしまった。その結果、家族経営の会社を売却しなくてはならなかった。合併の話がうまくいっていた場合よりはるかに安い売却額だったので、株主に約束した利益を渡せなくなってしまった。面目を失った、と彼は思った。

彼はなんとしても、復讐してやろうとした。復讐のことを考えると、ほかのことにはまったく手が付けられなくなった。最初に合併の交渉をしたその企業の名が、たまたま話に出てきただけで、猛烈に怒り出した。友人がその会社と取引しようものなら、阻止しようとまでしたのだ。彼の人生の目標は、復讐を果たすことしかなくなってしまったようだった。

彼は性格まで変ってしまった。元来、頭のいいリーダーだったが、復讐よりもっと建設的なことができる状況にあっても、もはやそこに目を向けられなくなっていた。あれほど優れていた能力、情熱、闘志は衰えていった。ほとんどの友人にとって、彼は近寄りがたい存在になってしまった。次の段階に進むことを忘れてしまったからだ。恨みで傷ついたのは、結局、恨みを抱いた本人だけだった。

もっともな理由があったとしても、恨みを抱き、復讐心に駆られてしまうと、身も心もすり減ってしまう。心臓や血圧にも悪影響が出てくる。

この非生産的な感情は、進歩という道路にあるくぼみのようなものだ。そこでつまずくと、前進したり、集中したり、前向きに考えたり、独創的に行動したりできなくなり、時間も浪費され、生産性も落ちてしまう。

汚い手口や侮辱、ささいな悪口に反応せずにいるのは、難しいことかもしれない。感情は抑えられないものだ。頭にきたら、感情を思いのままぶちまけるといい。復讐のために時間を無駄にするより、短時間だけ怒りあらわにしたほうがはるかにいい。

さっと怒って、すぐにやめることだ。それをあなたの傷のはけ口にすればいい。それが済んだら、「よし、気分はよくなった。これでおしまい」と宣言するのだ。

最大の仕返しは、成功すること

あなたが私と同じような人間なら、批判に対して過敏すぎる反応と真正面から取り組む必要がある。人は非難されると、すぐに自分のほうが正しいと主張し、きちんと否定したい気持ちになる。

もうかなり前に、地域社会や政府の仕事に従事すると、マスコミや嫉妬深い人間から、ある程度の非難をこうむるのも仕方ない、と私は結論を下した。かつてアメリカで最も批判された有名人リチャード・ニクソンの「逆境が自分と向かい合う機会を作る」という言葉を胸に抱き、未来へと向き合うことにした。

復讐はよくない結果を生んでしまう。敵が倒れてしまえば、どんな復讐もそれで終わりだ。仲直りをしたくなることもあるかもしれない。いずれにしろ、最大の仕返しとは、あなたが成功することである。

仕事のライバルに傷つけられたなら、もっと大きな市場シェアを獲得して、自分の会社の利益を増加することにエネルギーを注ぎなさい。政治的侮辱なら、政敵より得票を増やすために、選挙運動にもっと力を入れなさい。

今より素晴らしいことを実行に移すのが、健全な反応なのである。人生のいかなる段階でも、前向きで、楽天的な展望を抱くことが、あらゆる敵対的行為を打ち負かす。ささいな苛立ちは気にせず、他人の欠点を大目に見てあげなさい。ひょっとすると、彼らもあなたに対し、同じ態度を示してくれるようになるかもしれない。

とりわけ配偶者、家族、友人には寛大な態度を示すのが賢明である。寛大な態度と愛情は人にも感染するものだ。人の評判や幸せを台無しにしてやろうとするより、長期的に見てはるかに人生にとってプラスとなる。

あなたの対立者には、前向きで楽天的に接しているほうがよい。復讐したり、誹謗中傷しようとすると、かえって裏目に出てしまう場合が少なくない。卑劣で、執念深く、不正の種を植えようとしている人間は、いずれ自らその種を刈り取ることになるだろう。人間としての品位も落ちてしまう。

二〇〇四年、私の息子が知事選に当選した。その選挙を戦っているときの出来事だ。息子の最大の対立候補に幸運を祈るために近づいていった。選挙運動中、この候補者の支持者たちは、とりわけ息子に誹謗中傷を集中していた。選挙事務所では運動員とボランティアがその候補者を取り巻いていた。

彼らは神経質そうに見えたが、私は握手を交わし、個人的に彼らの仕事ぶりを褒め、どんな職業に就いているか質問した。

事務所を離れたとき、私と一緒に外についてきた人物がいた。密かに彼は、私の度量の広さや自分たちの健闘を讃えてくれたことに感謝してくれた。さらには、鞍替えして、息子の選挙運動に協力できないか、とまで尋ねてきたのだった。

時間を無駄にしない

苛立ったときには、信頼できる同僚に自分の感情をぶちまけなさい。怒りを心にくすぶらせていてはいけない。

ただし、感情を表に出すのは短い時間にしなさい。そうしなければ、周囲の人にとってストレスになってしまう。心が晴れたなら、復讐心に駆られることもなくなる。

数ヵ月も数年も、くよくよ思い悩んだり、復讐の方法を練ることに無駄な時間を使ってはいけない。恨みに取りつかれてしまうと、復讐心はずっと消えなくなってしまう。

しかし、恨みを忘れてしまえば、仕事にも復帰できる。

復讐とは、いわば自己憐憫《れんびん》の一つである。

自己憐憫は人間の最悪の弱点だと私は思っている。きちんとした、能力のある人間でも、このウィルスに感染してしまうと能力は失われてしまうのである。

私が最初に勤務した卵加工会社の社長は、いつもライバル企業に怒っていて、いつも競争相手が失敗する策を練っていた。彼はこの使命にばかりエネルギーを注いでいて、企業の業績は一向によくならなかった。そのせいで、彼は実質的に無一文の、哀れな人間としてこの世を去った。

彼の恨みは子どもにまで伝わっていた。しかし、それで何らいいことはなかった。彼はライバル会社に何の打撃を与えることもできなかった。ほかの企業は彼を無視し、自らの事業を拡大することに目標を集中していた。

現在、彼のライバル会社の一つが、卵加工業では最大の企業となり、オーナーは億万長者だ。私の元雇い主は、ずっと忘れ去られたまま、墓のなかで眠っている。

復讐がうまく成し遂げられることはない。復讐をしようとするのは時間の無駄であり、愛する人や自分を心配してくれている人との軋轢《あつれき》を作る原因となる。

旧約聖書の「目には目を」という言葉をはじめとして、多くの宗教には復讐の考えが、漠然とだが存在している。しかし、宗教にとって許しのほうがもっと重要な中心的テーマなのである。たとえば東洋では、恨みを抱けば、人間の魂は進化できなくなってしまう、といわれている。

憤りは人間の弱点を白日のもとにさらしてしまう。心のなかの悪魔と戦かわなくては、素晴らしい祝福は訪れてくれない。憎悪は人間の心にはふさわしくない。

さらには、人間の不安の多くや怒りのほとんどは、頭のなかの空想の産物にすぎない。空想は魂のなかに不安を募らせていく。一つの失敗を二つに増やしてしまうことなどないのである。

天が代わりに裁きを下す

こきおろされたり、侮辱されても、復讐してはいけない。

人を傷つけた人間は、天が代わりに裁きを下してくれる。何もしなくても、実際、そうなることが多いものだ。

一九八〇年代後半、ハンツマン・ケミカル社は急成長し、多角化の手段を探っていた。当時、アメリカ最大の製菓機械（ストロー、紙コップや紙の皿など）メーカー、スウィートハート・プラスティックス社が、合併の対象となっていた。なぜならこの企業の製品は、ハンツマン社が製造しているポリスティレンやポリプロピレンを利用していたからだ。スウィートハート社の代理になっていたのは、貪欲なニューヨークの投資銀行だった。

交渉は夜遅くまで続き、ようやく八億ドルの取引がまとまった。正式な契約を申し出ると、投資銀行の交渉担当者がこう言ってきた。

「あなたがスウィートハート社の最高の入札者であることを決定的にするためには、提示額を九億ドルに引き上げなくてはならない。ご承知の通り、我々にはほかの選択肢もありますから」

私は面食らってしまった。

腹が立ったのは言うまでもない。八億ドルの範囲で売買を話し合ってきたのだし、この額を提示するためにあちこちから融資もしてもらっていた。投資銀行の人間は嘘をついたのである。私は話を一時中断するよう要求した。

そして、真夜中に会議に戻り、同意した八億ドル以上はびた一文も支払わないと明言した。満足いく価格だったはずで、スウィートハート社はすぐに取引を成立させられただろう。しかし、

「じっくり考えてください」と交渉人は繰り返した。「九億ドルで、企業はあなたのものです」

私は部屋を出ると、二度とそこには戻らなかった。憤慨してはいたが、私は先に進む決心をしたのだ。

次に高い入札額は、六億六〇〇〇万ドルだった。しかし、その企業はこの業種の運営の仕方も知らず、資金もまともに集められなかった。売却は、まったくの失敗に終わったのである。

貪欲のせいで、投資銀行は一億四〇〇〇万ドルもの損失を出した。この倫理を逸脱

した振る舞いのため、スウィートハート社の債権者は訴訟を起こした。

『フォーブス』誌と『ウォールストリート・ジャーナル』誌は、この一件について記事を載せた。二年足らずでスウィートハート社は四億四五〇〇万ドルで再び売却され、最終的には、当初の提示額の半分になってしまったのである。

前を向き、次へ進む

リチャード・ニクソンの政治的失脚の発端は、次の段階に進めなかったことにある。彼は恨みを抱き、なんとか仕返しをしようとした。「敵」への陰鬱な妄想であったにせよ、古い亡霊との格闘であったにせよ、恨みが彼を失墜させ、歴史を変えてしまったのである。

ニクソンに働きかけて、少しでも考え方を変えてやるべきだったのではないか、とよく思うことがある。

しかし彼のすぐそばにはいたが、そんなことは思いも及ばなかった。当時、ニクソンが優秀な政治家、特殊利益集団、新しいマスコミの人間をいかに深く、病的に軽蔑していたかを、見抜くことはできなかった。

成功者や尊敬される人間は、一般人のように、心のなかに悪魔を棲まわせてはいないと私たちは思い込んでいるが、実は、そうではないのだ。どんな人間も少なからず胸にいくつか恨みを抱えているものである。この悪魔をどれだけ速やかに追い払うことができるかが、勝者と敗者の分かれ目なのだ。

心のなかの声に耳を澄ましなさい、人生は短い、いざ前進。

親切にするのにいくら早くても早すぎることはない。
なぜなら、いつの間にか手遅れになってしまうことが
多々あるからだ。

ラルフ・ウォルド・エマーソン

旅行は偏見、偏屈、狭量に致命的な打撃を与える…
人やものを広い心で、健全に、
思いやりをもって見ることができるようになるには
地球の、小さな片隅に引きこもっていてはいけない。

マーク・トゥエイン

8 やさしさを持って接する

人間関係にとってやさしさほど大切なものはないだろう。

やさしさとは、内面に信念を持つ人々の特徴である愛、親切、感受性、慈悲が具体的に表ににじみ出たものだ。親切、上品、思慮深さは、あらゆる人々から尊敬を勝ち取るための態度である。

子どものころ、人にやさしくしなさいとよく教えられた。

しかし、その教訓は大人になってからは、つねに守られているわけではない。今日の競争の激しい世界、政界、スポーツの世界で欠けているものがやさしさなのである。これは困った事態だ。やさしく、礼儀正しくても、勝つことができるのだから。

礼儀正しく勝つという言葉に、矛盾はないのである。

本当の成功者は、とても礼儀正しい

ほかの人よりごく自然に親切にできる、やさしさの遺伝子を持って生まれてきたような人がいるものだ。しかし、ゴルフをするのと同じように、誰もが人にやさしくしようと努力することができる。

「親切な」、「やさしい」、「慈悲深い」という言葉は、辞書で細かな定義が与えられているが、ほぼ同じ意味で使われている。この三つの単語の説明にはすべて、「善意」という言葉が使われていることに気づいた。この三つの特徴を示すには、暖かさや誠実さが必要とされるので、私は同じ意味で使っている。

私の母親は、意地の悪いことを決して人に言わなかった。誰に対してもやさしかった。白人も黒人も、キリスト教徒もヒンズー教徒も、男も女も、そして金持ちも貧乏人も、心のなかはみな同じだと信じていた。私たちはすべて神の子であり、互いに愛情と敬意を持って扱われるべきだと考えていたのである。

だが、母から人にやさしくするよう説教されたことはなかった。彼女は一日一日を、ただ思いやりを持って生きていたのだ。そうやって、実際に行動で示して見せることが、最もよいお手本となる。

欠点も確かにあったが、母は私の模範とする教科書だった。母キャサリン・ロビソン・ハンツマンは、親切こそ人生でどこまでも追求しなくてはいけない優先事項であることを知りながら生まれ、成長した。

彼女の父親も同様に親切な人だった。親切にしたお返しにお金を渡されると、祖父のロビソンはかえって嘆いていたものだ。祖父はお金持ちではなかったが、誰からも愛されていた。根っからのやさしい人だったからだ。私の母は父親から多くのことを学び、私も祖父から多くのことを教わった。

本当の意味で成功した人間で、折り目の正しくない人間を、私は一人も知らない。一方で、成功しているように見えても、実際は自分勝手で、やる気や人を愛する能力のない、不幸な人間がいる。人に親切に接することで味わえる喜びを一度も知らないとは、実に気の毒なことだ。

パロ・アルト高校の最上級生のとき、私は生徒会長に選ばれた。立候補の演説では、学生全員に気を使い、無視しないようにすると宣言した。演説で話したことを、実行するチャンスは数多くあったが、とりわけ顕著な一つの例がある。

ロン・チャペルというクラスメートがいた。体が不自由で、義足をつけた彼は、やつれてていて、さびしそうな表情をしていた。教室にいないときには、学校の食堂の隅に一人でぽつんと座っていた。私はそんな彼の存在気づいていたが、話しかけようとしたことはほとんどなかった。

ある日、理由はわからないが、私は友人と座っていたテーブルから立ち上がり、ロンのほうに歩いていき、そこに腰をおろして、話し始めた。

それが一週間続いた。ほかの生徒も徐々に私たちの輪に加わるようになり、彼のテーブルは食堂のなかでも「人気のある」場所になった。

私たちはロンを社会活動やスポーツにも引っ張り出した。そして、彼はチームのマネージャーになった。

その年が彼の人生にとって最高の一年だっただろう。翌年、彼の母親からロンが亡くなったと聞かされたとき、私は胸が張り裂ける思いがした。

葬儀のとき、あなたは何と言われるか

結婚して、九人の子どもに恵まれた。今、この文章を書いている段階で、孫は五十二人いる。家族が、妻のカレンと私にとって人生の最高の宝だ。子どもたちはお互いとても仲が良く、競い合ってはいても、たいへんうまくやっている。

一九七五年に生まれた、末息子のマークには重度の知的障害がある。

医者からは、読み書きすることは無理で、学校に通うこともできず、精神年齢はずっと四歳のままだろうと宣告された。それを聞かされて、私たちはひどいショックを受けた。ほとんどの親がそうなってしまうだろう。

しかし、長年の間に、息子は私たちにたくさんのことを教えてくれた。

マークは人の生い立ちも地位も知らない。人を見ても、民主党か共和党か、収入は最低賃金か十万ドル以上か、日曜日に教会に行くかどうか、それらは評価の対象にはならない。守衛さんもCEOも同じように尊敬している。

判断材料は、その人物に善良な心があるかどうかだけなのである。それだけで即座に人間を判断できる。心が善良な人なら、彼はきつく抱きしめるのだ。

マークは簡単に騙されたりはしない。誠意のない人間なら、友人とは見なさないのだ。インチキもすぐに見抜いてしまう。話す言葉は限られていても、マークは見事に相手と意思を通じ合わせる。彼にはたくさんの友人がいるが、全員、心が純粋で、やさしく、親切な人たちばかりだ。

多くの人間は、ビジネス、政治、スポーツなど競争の激しい世界には、やさしさなど必要ないと言うだろう。重要なのは結果だけだと。しかし、マークも私もそんな考えは大嫌いだ！

人にどのように接するかで人物の評価は決まるのだ。

これまでに二〇〇〇以上の葬式で追悼の言葉を述べてきたが、この最期の言葉が故人について多くのことを教えてくれることに私は気づいた。自分がどんな追悼の言葉を言われるか、生きているうちに耳にすることができたとしたら、どんなに愉快だろう。

その人の学問的業績、仕事のキャリア、富に関する言葉はあまり出てこない。家族は、故人の偉大な業績を誇りには思うが、その人物の人格を最も引き立たせてくれるのは、生前どのような人助けをしたかなのである。

一人一人が、自分がどんな追悼の言葉を述べられるか、考えてみるといいだろう。自分が思っているように、他人はあなたのことを見てくれているだろうか。そして、近所や職場でどんなことを言われ、参列者がささやく言葉には、どのようなことが述べられているだろうか。

毎日、自分の追悼文が書かれているのだ。

最後にその文章が語られるときには、もうこの世にはいないから反論を述べることはできない。今からすぐに、自分がやさしい人間であるという評判を得るための努力をしたほうがいい。未来の追悼文の内容がどうなるかは、あなた次第で決まるのだ。

他人の幸せを応援すると、自分にも幸福が訪れる

企業にも評判ができる。価値観、顧客と社員の関係、革新的な精神、慈善活動で知られている企業もある。

昨今のエンロン、タイコ、ワールドコムをはじめとする有名企業の転落は、謎に包まれた企業の世界のなかに、詐欺、貪欲、さまざまな無作法が存在していることを再認識させてくれた。

以前、私はダライ・ラマと会う機会があった。彼はたいへん貴重な言葉を述べてくれた。

「富だけを目的に富を蓄積すると、自から墓穴を掘ってしまうことになるだろう。本当の充実感は、仕事を天職とみなし、仕事をより高い目的に仕えるための手段と見なす場合にしか味わえない」

また、別の機会にはこう話している。

「暖かさ、人間らしい愛情、正直、思いやりをもって、人とつきあいなさい」

思慮に富むアドバイスだ。

ほとんどの企業と個人は、成功や尊敬を手に入れようと努力している。この目標を成し遂げるためには、他人に対する思いやりを持ち、幸せにしてあげたいという気持ちを持たなくてはならない。

幸せであることが、私たちの人生にとってとても重要なことだ。そして、他人を幸せにしようと努力したとき、自分にも幸福が訪れることが多い。やさしさは人にも感染していくものなのだ。

人にしてもらいたいことをする

ジョン・マクスウェルは、著書『ビジネス倫理など存在しない』のなかで、今日の社会において仕事を辞める人間の七十パーセントは、自分が職場で価値のある人間だと感じられなくなったためだ、と主張している。

退職者が多いのは、重役や取締役が、社員をひどく粗末に扱っていることの報いである。人生のあらゆる領域で、人間は評価され、信頼され、尊敬されなくてはならないのだ。

マクスウェルは、倫理に基づいた意思決定をするために必要なルールはたった一つだけだ、と主張している。それが聖書のなかの黄金律だ。競争相手、地域社会、従業員、同胞に対し、自分が人に示してもらいたいのと同じように礼儀正しく接することで、私はこれまでずいぶん得をしてきた。

きちんとした態度で振る舞うことが、仕事の面でもプラスになる。顧客、雇用主、取引先は、あなたが親切で礼儀正しいことに気づき、評価してくれるだろう。親切に対応すれば、利益にもつながっていくだろう。自分ならどのように扱ってもらいたいかと、つねに自分自身に問いかけていればよいである。

私が知っているあらゆる文化で、黄金律は人生の指針となっている。

多くの人が、新約聖書の「己の欲するところを人になせ」という訓戒に親しんでいる。世界の偉大な宗教が、この考えといかに同じ見方を示しているか、きっと驚くことだろう。

儒教では、「己の欲せざる所は人に施すことなかれ」と説いている。ゾロアスター教徒でも、「他人に虐待されたくないなら、あなた自身、一人も虐待してはならない」、イスラム教では、「自分で望んでいることを、兄弟にも望めるようになるまでは」、本当の信者ではないと教えている。ヒンズー教では、「自分にとって不快なように、他人に」振る舞ってはならない、と警告している。

聞き上手になる

一緒にいてもらいたいと思うのは、励ましと喜びを与えてくれる人だ。

友人のマーク・ローズはそんな人物の一人である。私は彼が人の悪口を言っているのを一度も耳にしたことはない。微笑みを絶やさず、前向きで、自分のことは一切口にしない。いつも他人が中心なのだ。だから、心がいつも穏やかなのである。

やさしい人は、私たちの人生を本当によくしてくれる。

あいにく、自己憐憫、傲慢、自惚れをまきちらしている人も、同様に他人の人生に影響を及ぼす。彼らは人に耳を傾けず、自分のことばかりまくしたてる。だから、新たなことが学べないのだ。

アメリカの下院議員と交渉しているうちに、彼らのなかで聞き上手な人間はめったにいないことに気づいた。

政治家は、自分が重要人物だという意識にとり憑かれながらワシントンの別世界で暮らしている。このような態度のせいで、共和党と民主党の間には、けんか腰の激しい敵意が醸しだされているのだ。

私は、謙遜で親切でやさしい性格を持っている政治家をたいへん尊重している。このような高貴な人々はまだたくさん政治の世界に生息しているが、このままでは絶滅してしまう恐れがある。

すべての人の成功を願う

誰もがかならずほかの誰かにつながっている。

全盛期、アンドリュー・カーネギーは三十八人を億万長者にした。このような経済的繁栄が及ぼすプラスの影響は今日でも受け継がれていて、私自身の会社も含め大企業の成功が人々の生活を豊かにしている。

逆に、企業が破産すれば、多くの人にマイナスの影響が出てくる。社員は職を失い、取引先は仕事を失い、債権者はお金を失う。

誰もが、周囲の人間の成功や失敗にかかわっている。誰もが人のやることに関心を抱いている。一人の人間が近所を掃除すれば、地域社会全体が清潔になっていく。CEOがつまづけば、株主もつまずく。船の水位を上昇させる潮のように、まず自分を改善していかなくては、人を向上させることはできない。

心身にストレスがたまっている間は、届いた手書きの手紙や私的な電話が私の心を和らげてくれた。どういうわけか、このような表現手段のほうが、eメールより心がこもり、ありがたいものに思える。

産業界のリーダーや成功した経営者たちは、支援を求めたり、感謝を表現するとき、やはりこのような心のこもった伝達手段を利用している。しかし、心をこめるということは、危機的状況に陥った場合に限ったことではない。

我が社は、世界中に多くの製造工場を持っている。機械の動かし方も、製品の化学式もわからないが、私は製造工場に訪れるのが大好きだ。難しいことは専門家に任せ、私がそこで実行しているのは従業員を抱きしめることである。

幹部社員が製造工場よりゴルフコースで過ごす時間が多くなると、経営陣に対する従業員の態度は悪くなっていくものだ。

企業を成功させるために何より大切なことは、従業員との関係だ。企業規模の大小にかかわらず、トップ役員は従業員のもとを訪れ、一人一人に感謝し、その貢献を認める機会を見つけなくてはいけない。

調査から、礼儀の欠如と暴力の間に関連があることが証明されている。毎年、アメリカの職場では、なんらかの暴力沙汰が約二〇〇万件も発生しているが、その主な原因は、仲間の労働者に軽蔑されたと思ったことが原因なのである。

リーダーは、権利意識、感謝の心、忠誠心を部下に植えつけなくてはいけない。このような意識を根づかせることができれば、人はもっと素晴らしい成績をあげられるようになる。

こうして夢が実現に向かっていく姿を見ることが、リーダーの大きな喜びの一つなのは間違いない。

私は独立宣言のなかの、「この宣言を支持し、互いの生命、財産、神聖な名誉を守る」

というトマス・ジェファーソンの言葉に賛同する。彼にとって、誰もがほかのすべての人間の成功を分かち合っていることは、自明の理なのだ。互いに助け合うことが絶対に必要だ。

ジョン・ダンの「人は孤島ではない」という詩を何度も唱えてきた。この詩は私の人生に希望と喜びを与えてくれた。次の二つの箇所が私はとりわけ好きである。

いかなる人も孤島ではない
一人一人が持ちつ持たれつ
一人一人の人間の喜びが、私にとっての喜びであり
一人一人の悲しみが、私にとっての悲しみだ

私たちは互いに互いを必要としている
だから私は

一人一人を私の兄弟として
一人一人を私の友人として
擁護するだろう

私たちが家庭、宗教、会社、同僚のなかで、このような素晴らしい言葉だけを口にできるようになれば、魂はずっと穏やかになり、世の中ももっとよくなるだろう。

我々の誰一人として、我々全体を合わせたよりも賢くはない。

ことわざ

生まれてから七年間、私に子どもをあずけなさい、
そうすれば、その後は、その子どもを
好きなように育てられるだろう

イエズス会の格言

9 組織を家族のように運営する

私は兄のブレインと一九七〇年に家族経営の企業を設立した。

ハンツマン社は三十五年間、ずっと一族の所有・営業の企業であり、アメリカでも最大規模の企業へと成長した。二〇〇五年の初めには、株式を公開し、上場企業となったが、家族経営であったときと同様、やはり企業には家族の名前が冠されている。

所有権が複雑となり、追加資本が必要となった現在では、多くの同族企業が我々と同じ決断を迫られている。

このような環境の変化で同族企業が消滅するというわけでないし、変化自体が必ずしも悪いことではない。しかし、私は漠然とした不安を抱いている。

職場は「家族」の延長である

基本的な社会単位である家族は、社会の繁栄、秩序、幸福、価値の土台である。企業は家族と似ている点が多く、家族の抱いている願いを、企業という「家族」のなかにも見つけ出すべきである。

家族が企業を所有していたほうが、この願望はもっと簡単にも果たせるだろう。しかし、株式を公開している企業の賢明なＣＥＯも、自分の名が会社の玄関に掲げられている企業と同じように経営するはずだ。

大家族もあれば、小さな家族もある。伝統にとらわれない家族もあるだろう。いずれにしても最大の教育が施され、生涯にわたる基本的な価値観を学習するのは、家庭環境のなかにおいてである。

だから、私が家族を中心にし、ハンツマン社の重要な決断も家族のなかで下してきた理由もすんなり理解してもらえるだろう。

富と権力は、家族の軋轢を作り出す原因だと考えている人は多い。しかし、こんなことはめったにないことだ。

最初から、ミダス王のタッチのように、どんな企業でも優良企業にしてしまう能力などはないことに気づいていた。現実に、この世で大切なのは、勤勉、準備、交渉、決断、誠実さ、慈善なのである。

できるだけ、職場を家族の延長にすべきである。上品さ、尊敬、基本的な価値観が奨励され、道徳的な振る舞いが模範となる場所にする必要がある。

ジェイ・ケンフィールド・モーリーは人生を説明するとき、職場が家庭の延長であることがいかに大切なことか簡潔に述べている。

「幸福を手に入れるための処方箋は、毎月の勘定書を支払い、自分の自信となる多少の余分な金を稼ぎ、毎日、ほんの少し多めに働き、仕事への熱意、しっかりとした健康、二、三人の親友、そして人生の美しさを分かち合える妻と子どもを持つことである」

仕事よりも家族を大事にする

私の父は、アイダホ州の田舎教師だった。最初に暮らしていた二部屋の家は、屋外トイレに行くために外を十メートルも歩かねばならなかった。冬はそれが嫌だったが、一九三〇年代後半の田舎暮らしの家族にとって、それはごくあたり前のことだった。

父は、この地域の多くの父親と同じように、第二次世界大戦に出征した。父が戻ってきたとき、アイダホ州南東部の都市ポカテロに小さな家を建てた。数年後、父がスタンフォード大学で博士号を取得するため、家族はカリフォルニアに引っ越した。三年間、私たちの住居はキャンパス内にある、かまぼこ型の小屋だった。その長細い小屋は十六の「アパート」に区切られ、それぞれの部屋の大きさは十五坪ほどで、厚紙でできた壁で仕切られていた。そこで両親と二人の兄弟と住んでいた。十代の子どもにとっては窮屈で、居心地が悪かったが、それが家庭だったのだ。

一九五九年、恋人のカレンと結婚し、三人の娘と六人の息子に恵まれた。家庭は心地よく、愛情にあふれ、落ち着ける場所だった。

世界中のすべての家がこのように恵まれているわけではないことはわかっている。苦しく、つらい家庭状況、哀れなほど貧しい家屋を旅行中に数多く見てきた。薄っぺらのほったて小屋やテントなど一時しのぎの住まいで暮らしているのだ。そんな場所を訪れると、胸が痛くなる。

社員集会で、私は家族を大事にするよう力説している。そして、職場を家庭の延長にするようにと主張している。

最近、イタリアのスカルリーノにある工場を訪問した際、社員に人生で最も関心を払うべきことは、仕事ではなく家族であることを強調した。

彼らは通訳を通し、熱心に話に耳を傾け、雇用主が家族について前向きな表現をしていることに満足そうな表情をしていた。話し終えたとき、彼らは立ち上がり、大きな拍手をくれた。

上司にいい顔をしただけだといわれるかもしれない。シェークスピアの文章を読んでいたとしても、喝采を送っただろうと。しかし、そうは思わない。一人一人の社員のもとに赴き、ハグをして握手したとき、彼らは深く感動しているようだった。

最近、マレーシアで同じ講演を行ったときも、八〇〇人の社員全員が拍手をくれた。やはり満足している様子だった。私と同じくらい、彼らも自分の子どもを愛し、家族を高い優先順位に置いていた。だから、私がなぜこのような講演をしたのかを理解し、しっかりと受け止めてくれたのだ。

社員の家族にも関心を持つ

中国、南アフリカ、アルメニア、オーストラリアなど、我が社が事業を営んでいる四十三カ国のどこも同じだった。どこで暮らしていようと同じなのだ。全員が自分の存在に気づいてもらい、敬意を払われることを望み、自分が価値ある人間だと感じていたいのだ。

あいにく、大企業は型にはまった経営になりがちである。そこに勤める社員は、つまらないとか、気に留めてもらえないなどと思っていることが多い。自分がオーナーであるかのように経営すれば、企業にも人間味が溢れてくるだろう。

社員は、オーナーやCEOが実際に自分に気を使ってくれていることを確認したがっている。だから、社員の家族にも関心を払っていなくてはならないのだ。でなければ、君は価値のある存在だといくら話したところで、信じてもらえないだろう。

私は社員に家族や愛する人に対してきちんと責任を果たすことをまず強調している。家庭の仲がうまくいけば、仕事でもいい業績が収められるだろう。幸せな環境にいるほうが安心して働ける。私生活が安定していれば、仕事はもっとうまくいき、充実感も増していくだろう。

カレンと私は、家族経営である我が社の討論に子どもたちを、小学校のころから参加させている。そこでは二つのルールを守るよう、きつく言い渡してある。

◆ルール1

家族企業では、玄関で自分が自惚れていないかチェックしなさい。自分の権力の拡大や自己宣伝の余地はないのだ。家族企業では、全員が相手の能力や欠点を知っている。秘密は皆無だ。家族企業が成功するかどうかは、信頼、尊敬、愛情にかかっている。

◆ルール2

互いに励ましあいなさい。まず、ほかの人が幸運になれるようにしなさい。家族企業のほとんどは、兄弟のなかの誰かが、利己的関心を求めるために、結局、混乱してしまうのである。

コミュニケーションは必ずしっかり取っておかなくてはならない。親は率直に、誠意を込めて企業について話さなくてはいけない。とりわけ不動産のことは大事だ。親は自らの資産について子どもに教えておかなくてはならない。

もしものとき、秘密の遺書が出てきたり、特定の子どもに権利を与えてしまうと、必ずといっていいほど家族にいざこざが起こり、訴訟にまで発展してしまう。

同族企業で働き始めたあとでも、子どもたちにとって私は、まず第一に親であり、取締役会長はその次であることを確信させている。子育てより企業を優先させると、家族経営の企業はぐらつき、道を踏みはずしてしまう。

社員を公平に扱う

社員は公平に扱わなくてはならない。

会社が儲かっているとき、オーナーや株主と同様に、従業員や地域社会、顧客にもその分け前を与えるべきだ。

しかしながら、今のビジネス市場には思いやりがなくなり、トップ・マネジメントだけに大金が支払われていている。平社員への報酬より、四倍から五倍も早く増えているのだ。

同族企業の経営者であれ、公開企業のＣＥＯであれ、組織のあらゆる階層にどうすれば評価されるのか、はっきりした基準を設けておくべきだ。

成功するための最も確実な手段は、社員と一緒に歩んでくことだ。工場や設備はすぐに取替えることができるが、勤勉で忠実な社員は宝石と同じように貴重な存在である。彼らはリーダーの成功の決め手なのだ。ＣＥＯが組織の魂なら、従業員は心臓である。

いかなる組織であれ、倫理を逸脱する不道徳な振る舞いが組織内に発生すると、放蕩息子や不実な配偶者が家庭に与えるような影響が、会社全体に及んでいく。

幹部社員が道徳の羅針盤に従えないようなら、指導されている人間が道徳的価値を守れるわけなどないではないか？　職場の社員が倫理や道徳を無視していて、子どもたちがまともな人間になれると思えるだろうか？　これでは、全員が被害をこうむってしまうのだ。

社員に会社の価値を理解してもらうことがとりわけ重要なことだ。たとえば、企業の哲学が利益のかなりの部分を社会に還元することであることを社員に教え、なぜそうしているか知らせておく必要がある。会社ばかりでなく自分たちにとって、本当の成功の尺度とは、どれだけ獲得するかだけでなく、どれくらい社会に還元できるかにあることを理解しなくてはならない。

社員を家族のように扱う

数年前、カナダ東部にあるハンツマン社の工場を訪問したときのことを今も忘れることができない。

その日、私は教会の集会を終えたばかりだったので、社員に話すことより、集会で聞いたばかりのメッセージのことばかり頭に思い浮かべていた。そこで、私は社員への講演の始めに、私たちは相手を監視するのではなく、信じることで歩んでいけることを再認識してもらった。

仲間の人間を信用しているなら、事故や安全違反も少なくなると説明した。お互いに信じ合っているなら、兄弟のように愛し合い、愉快な交際が続けられるだろう。一人一人が本当に信用し合っているなら、私たちは相手を観察する必要はない。人間は愛する人によって高められ、もっと強く、優れた人間になる。自己憐憫や浪費もしなくなれるのだ。願望も叶えられるだろう。

話し終えたとき、会社の生産性、コスト、販売について一言も述べなかったことに気づいた。しかし、ある意味で私が話したことは、間接的にこのような経営領域のことをすべて網羅していたのだ。現実的な目標は、その目標を達成する責任を担う人々が、全力を尽くしたときに実現するのである。

さらには、組織の運営が順調であるという知らせと同様に、社員はリーダーの本音は何か、自分たちに深い愛情を抱いているのか、知りたがっている。実際、指揮を執るリーダーの感情が分からなければ、組織のことはきちんと理解することはできないのである。

CEOや経営チームが周囲に醸し出している雰囲気は、思っている以上に、社員に影響を及ぼすものだ。指導者の持つ最も優れた能力を見たり、聞いたりすることで、社員も自分自身の持つ最高の能力を発揮するようになるのである。

長年の間、我が社は社員の子どもたちに多くの奨学金を支給してきた。彼らと顔を合わせたり、高校や大学の卒業式に招かれたりするのはうれしいことだ。社員の家族の一員として迎えられたとき、心は最高にワクワクする。子どもが成功する姿を見て、興奮せずにいられようか。

気分がよくなれば、職場の生産性にもそれが現れてくるものなのだ。


ハンツマン社が上場企業として、新しい一ページを開いたとき、家族的雰囲気がいくぶん薄れてしまうのも致し方ないことだ。多くの株主は、自己の投資をすばやく回収することばかりを考えており、投資している会社にさほど愛着を抱いているわけではない。それは哀れむべき状況だ。最大の配当はボーナス、贈り物、奨学金、賞賛を通し、まじめに働いている人々に支払われるべきものである。

私がハンツマン社の会長であり、息子のピーターがＣＥＯである限り、家族経営の企業であったときと同じように、会社を経営していくことに全力を尽くすつもりでいる。

あらゆる企業は、社員を優先し、最高にもてなす文化を築き上げていかなくてはならない。社員はかならずその恩返しをしてくれるはずだ。

神があなたにどれくらい与えているか、
そこからあなたが必要なものをどれくらい受け取っているか
気づきなさい。
残りは他人が必要としているものだ。

聖アウグスティヌス

私たちは
一時的にこの地球で与えられた資金の管財人にすぎない。
それらを他人に分け与えんことを。

アンドリュー・カーネギー

自分自身のことしか関心のない人間に、
お金はあまり巡ってこない。

ベンジャミン・フランクリン

10 社会に還元する

私は施《ほどこ》すという話題が大好きだ。

あの一件さえなければ、広く賞賛された男についての、暴露話で始めることにしよう。リチャード・ニクソンの話だ。

私はホワイトハウスの特別補佐官として、ニクソンの公表されているIRS（国税庁）の納税申告書の書類の綴じ込みを詳しく見てみた。たとえば、一九七一年、四十万ドル以上の収入があったのに、慈善事業には五〇〇ドルしか寄付していなかった。あきれてしまった。私にとって、このわずかな寄付金の額は、ウォーターゲート事件よりも由々しきことだった。

人からチャンスをもらっている

誰にとっても慈善行為は、自分が手にした利益の使い方のなかで、とくに重視すべきものである。サクセス・ストーリーのなかで、自分の力だけで大成した人間は一人もいない。成功に向けての道の途上で、誰もが人に助けてもらっている。

たいていの人は、チャンスを恵んでもらっているのだ。成功には必ず人の助けがある。その恩返しをするための唯一の方法が、自分の幸運を人に分け与えることにほかならない。

私も驚くほど数多くの恩を受けてきた。しかし、ずっと恩を受け続けてきたわけではない。私はずっと前から恩を返す立場となった。ハンツマン家も人に分け与えてもらってきた。私に施し方を教えてくれた人物は、伯父、祖父、そして母だった。

伯父のロンは小学校程度の教育しか受けていなかった。ユタ州の貧しい農民だった彼は、自分にほとんど財産がないことを、かえって誇りにしていた。私が八歳になったとき、彼は懐中時計を贈ってくれた。大きな針と鎖のついた旧式の時計だった。ロンは私同様、腕時計をつけたことが一度もなかった。すぐにその時計をつけて学校に行った。三年生の教室のなかで、一日中、その素敵な時計を引っ張り出しては、時間を確かめていたものだ。大好きな伯父の持ち物だった、この時計が自分のものになるなんて、なにか夢を見ているようだった。

数年後、家族が貧しさと戦っていたとき、伯父は私に靴をくれた。私の靴はひどくみすぼらしくなっていた。もらった靴を履いた私は、教室のなかで一番立派な服装をした人間だと思えた。クラスの誰も、その靴を履いていた私がそんなことを考えていたなんて気づきはしなかったろう。農作業で履くような靴だったが、大のお気に入りになった。

母親にはお金を稼ぐ手段はほとんどなかった。しかし、私がレモンパイが大好きなことを知っていたので、二、三日おきに、学校から戻ってきたとき、レモンパイを用意してくれていた。私にとって、それは最高の贈り物だった。

困っている人には手を差し伸べる

私の祖父、ロビンソンは一九三〇年代から五〇年代にかけて、ユタ州のフィルモアに小さなモーテルを所有していた。

第二次世界大戦前には個人用の小屋として使っていたものだ。自家用車で旅行している人は、一泊三ドルから四ドル支払って、この小屋に泊まっていた。小屋のなかには配管設備はなく、浴室は小屋の裏にある小さな道のはずれにあった。

お金に困っている家族があれば、祖父は一晩一ドルでこの小屋を貸していたものだった。そして朝になり、相手がお金を払おうとすると、祖父は決まって、

「いいよ。生活に困らなくなったら、恵まれない人にその金を施してやってくれ」

と言って受け取ろうとはしなかった。

子どものころ、誰もが人と分かち合うようにと教えられた。他人、とりわけ貧しい家の子どもをおもちゃで遊ばせてあげると、大人は褒めてくれた。私たちは、人間に

とって寛大な心が最も大事な性質であるのをそのことで学んだ。子どものころさえ、私たちは、けちな遊び友達に眉をひそめた。

高校までには、ハンツマン家もかろうじて中流と呼べる程度にはなっていた。家族全員が同じ壷のなかにお金を入れて、ためていた。兄のブレインと私は、医療費や家族の車の費用を稼ぐため、二つの仕事を持っていた。私はどこの大学に行くかはまったく決めていなかったが、なぜか挑戦し甲斐があり、自分の将来にも適した大学に通うことができたらと、考えてはいた。

高校の最上級生のとき、全米で二番目に大きな製紙会社の社長ハロルド・L・ゼラーバックが、パロアルトにある我が校を訪問した。ペンシルバニア大学ウォートン校の入学許可局の局長レイモンド・サールバックも彼に同行していた。二人は、ゼラーバック家が提供する奨学金を受け取り、この権威のあるビジネス・スクールに通う生徒を西部の州の高校に探しにきたのである。

ウォートン・スクールのことは一度も耳にしたことがなかった。この学校がアメリカで最初のビジネス・スクールであり、世界でも抜きん出た優れた学校になろうとしていることも知らなかった。

ウォートン・スクールの卒業生のなかでも指折りの有名人だったゼラーバック氏は、私と顔を合わせ、奨学金を受けて入学する気があるかどうか話してきた。教職員の会議があったため、その日、学校は休みだった。校長は家にいる生徒会長の私に電話してきて、ゼラーバックとサールバックに会うように言ってきたのだ。

そして、この面接と学校の成績に基づき、私はウォートンから奨学金を受けることとなった。この二人の男性にはとても感謝した。

しかし、奨学金だけでは入学できないとも伝えた。きちんと学校に通おうとすれば、常勤の仕事に就かなくてはならないだろう。常勤で働けば、必要とされる優秀な成績を取れないどころか、このアイビーリーグの学校を卒業することすら難しいだろう。

すると、二人はさらに、授業料、納付金、部屋や寄宿舎の代金をすべてまかなえるよう、手はずを整えてくれたのである。

こうして私はウォートン・スクールに入学した。これが人生の転機となった。私は適切なときに適切な場所にいることができたのだ。当時、私に絶大な信頼を寄せてくれる人物が、このような環境を提供してくれたのである。それは人生を変えるチャンスだった。

ゼラーバック家の恩にどうすれば報いられるのかわからない。実際、お金でそれはできない。たとえできても、受け取ろうとはしないだろう。代わりに、彼からきっぱりとこう言い渡された。「ほかの人に与えよ」と。

私はそれを実行に移した。こうして、長年の間に、多くの奨学金が世界中の若者に与えられることになったのである。

分け合うことで気分が良くなる

世界のあらゆる宗教が、恵まれない人に施すことを、実行すべきリストの高い位置においている。四つの例しか挙げられないが、それをキリスト教ではチャリティ、ユダヤ教ではツェダーカー、イスラム教ではザカート、ヒンズー教ではバクティと呼んでいる。

カレンと私は、月給三二〇ドルの海軍勤務の時代から、給料の一部を、毎年、価値ある大義のために寄付してきた。過去二十年、お金を施せるよう、お金儲けに懸命に励んできた。

人生のなかで、金銭的に最も満足したのは、大きな取引がまとまって興奮した瞬間でも、そこから莫大な利益を得られたときでもない。それは、困っている人、とりわけ「恵まれない人々」を助けてあげられた瞬間だった。私が取引中毒にかかっているのを否定はしないが、施し中毒にもかかっているのだ。

与えれば与えるほど、気分がよくなる。気分がよくなれば、施しも簡単にできるようになる。施しはとても心が温まる滑り台だ。与えることに理由が必要なら、こう述べておこう。

慈善行為は素晴らしい仕事である。なぜなら会社を活気づけてくれるのだから。

社会還元は企業の義務である

家族経営の会社ハンツマン社は、ウォールストリートに服従していなかった。この街に漂う目先の利益を優先する貪欲な空気によって、株式会社は慈善活動の責任をきちんと果たせずにいる。

利益をたえず増大していくより、私たちは慈善の義務を果たす必要を（ときには激しく）感じている。そのためには、ウォールストリートの期待に応える以外の規律を設けなくてはならない。その規律とは、いったん慈善事業に参加したなら、それを継続していくことである。

株式を公開している企業だからといって、価値のある大義のために、利益の一部を社会還元する義務を免れるわけではない。会長の職についているかぎり、ハンツマン社は、私が個人的に責任を引き受けざるを得なくなったとしても、この義務を忘れることはないと、ここに誓っておく。

慈善の義務を果たせたなら、また新たな義務が作られる。クリアしなくてはならない施しのバーはつねに高くしていくということだ。このような目標がなければ、会社の焦点もぼやけてしまう。

自分が儲けたより、多くのお金を寄付した年も何年かあった。我が社の経営陣には、もっと高い目標を掲げ、全員がもっと素晴らしいことを実行しなくてはならないとだけ申し渡している。息子のピーターは、ハンツマンの幹部社員の課題は、与えるのと同じくらいお金を儲けることだと、好んで口にしている。

たいていの人間の心のなかには、人を助けたいという欲求が存在している。残念ながら、慈善事業に捧げるための時間や理由がまったく見つけ出せない人間もいる。私たちは、手遅れになってしまうまで、または自分の愛する人が亡くなるか、もはや援助の必要がいらなくなるまで、与えることを遅らせてしまっている。寄付には、施すことで何らかの利益を得ようとする卑しい目的が潜んでいる場合もあるかもしれない。

ユダヤ人の哲学者メモニデスは、けちけち出す、十分に与えない、頼まれたときだけ与えるという低い段階から、どちらも相手の素性を知らない状況で与える、他人を自立するのを助けるために与えるという最高の段階まで、施しの八つの段階を説明している。

人間の性質のなかで、人と分かち合うことほど重要なものはない。慈善行為ほど本当の幸せを与えてくれる源はないのだ。まさしく人生の目的といえるだろう。経済が低迷しているなか、私は博愛主義の誓いを果たすため、銀行から融資を引き出した。産業が停滞しているからといって、慈善の義務は免除されるわけではない。

銀行は、他人に与えるためにお金を借りることには慎重になるよう忠告してきた。私の答えは簡単だった。人を助けようとするなら、会社の財政が一時的に芳しくなかったという理由だけで、その義務を逃れようとしてはいけない。しかし、口で言うのは簡単だが、実行するのは難しいことは認める。

どこで、どのように与えるかは問題ではない。実際に重要なのは、態度である。施しの必要をうるさく唱える、説教を何千回も聴いてきた。しかしなぜ説教者は、与えることがとても気持ちのいいことだと、一言も口にしないのだろう。果たして自分が説教で勧めていることを、自分個人の財布でやっているのだろうか。

　今日、私は世界最大の癌研究所と癌専門の病院に集中的に寄付している。この世界でも一流の施設を建設する際には、莫大な金がかかった。二〇〇四年の夏、ハンツマン癌研究所・病院の完成を目にしたときの喜びは、言葉では言い表せない。将来は、国中に癌専門の病院を建設するのが私の願いだ。

　私は毎週、化学療法を受けている人々を励ますために病院を訪れている。多くの場合、彼らの生命は危険にさらされている。そして全員が怯えているのだ。抱きしめて、激励の言葉をかけることは、これから受ける医療と同じように患者にとってプラスになるだろう。

　私の両親、義理の母はみな癌で亡くなった。私も二度、癌の治療をしている。だからであろう、癌患者に接するときは、どうしても涙もろくなってしまう。

　与えるものはかならずしもお金である必要なない。

　多くの点で、時間はお金よりも貴重だ。自分の時間を与えたり、自分の能力を貸してあげたり、自分の専門知識を提供することはお金と同じくらい重要なことなのである。リーダーは時間を取って、ボランティアや公共の奉仕に参加すべきだ。

現在、アメリカで最も視聴率の高い、朝のラジオやテレビ番組の司会者であるドン・イムスは、小児癌の研究に数百万ドル寄付してきた。

しかし、寄付だけでは終わらせなかった。

彼は一年のうち約二十週も、小児癌センターのあるニューメキシコ州で過ごしている。滞在中、ニューメキシコから三時間番組『イムス・イン・ザ・モーニング』に出演しているのだ。彼は金銭ばかりでなく、体と時間も捧げているのである。

富は必ずしもお金では測ることはできない。

誰もが時間、才能、創造力を持っている。そのすべてが素晴らしい変化を起こすための、有効な力となるかもしれない。どんな形でも、どれくらいでもいいから、あなたの受けた祝福を人に分け与えなさい。

どれだけ手に入れたかではなく、どれだけ手放したか

かつて、慈善行為は純粋に自発的に行うべきものだと、私は信じていた。しかし、二十五年ほど前、私は考えを変えた。誰もが社会に還元すべきなのである。少なくともお金持ちや企業に選択の余地はない。自分が与えられたものを、地域社会にいくらか還元することは、いやしくも裕福な人間や企業すべての道徳的義務である。多少にかかわらず、誰もがこの世では一時的な財産の管財人にすぎないのだ。

アンドリュー・カーネギーも、一八八九年の著書『富の福音』のなかで、裕福な人々に、なるだけ有効に多くの人々に役立てるよう、余った富を与えるよう説いている。

裕福な人間の多くが、金銭的成功の尺度は、儲けた金額ではなく、貯めた金額であるという誤った信念を抱いている。彼らは子どもに財産を残すため、脱税したり、会計操作をして一生を費やしている。

成功の一つの基準は、どれくらい獲得したかにあることは間違いない。しかし、もっ

と重要な尺度は、どれくらい手放すかにあるのだ。

私のメッセージは金持ちの同胞にだけ向けているのではない。この義務を免れているものは一人もいない。金持ちだけが与えても、ほとんどなにも変わりはしない。すべての人が自分の分け前を与えなくてはならないのである。この世では、私たちは一時的な富の財産管理人なのだから、自分の収穫が人に役立つように使われているか、監視していなくてはいけない。富が価値あることに使われているかどうか確認するのは、人生というほんの短い期間だけのことだ。施すことは魂の義務なのである。

キリスト教の福音には、そのことがはっきり述べられている。

「二つのコートがあるなら、そのうちの一つをコートのない人に与えるべきではないか」

ユダヤ人は我々が所有しているすべてのものが神からの授かりものであると信じ、慈善を大切な義務としている。人は持たざるものに分け与えなくてはならないのだ。

貧しい人に施すのは、イスラム教の五本の柱の一つでもある。イスラム文化のほとんどで、富を蓄積するのは悪いことだと思われている。余分なものを手放せば、貪欲や羨望の罠に陥らずにしてくれる。実際に、イスラム教は、学校、病院、教会などを維持するため、ワクフと呼ばれる金銭や財産を贈与する習慣を奨励している。

すべての宗教が同じことを主張をしている。できるだけ、社会に還元しなさい。自分より恵まれていない人に惜しげなく与えなさい。神の恩寵《おんちょう》（そして多少の世俗的幸運）がなければ、あなたも同じような境遇に陥っていただろう。

快適に生きていくためには、数百万ドルもの大金は必要ない。ところが、我々の社会のなかで、最も分け与えようとしないのは、最も富んだ人々である場合が少なくない。自分の所有物を捧げるための列の先頭に立っているのは、ほとんど持たざる側の人々だ。全体の割合でいれば、金持ちより大きな資産を分け与えているのである。

裕福な人間は、どれくらい援助すればいいのだろう？　私はこの重大な問題を考えてきた。決まった公式はないが、自分にとって快適な生活水準が送られる額があれば、それ以外のお金は施すべきであると確信している。家屋、食事、医療、衣服、交通、娯楽、旅行、万一の場合に備えた資金を考えると、望ましい生活の質とはどれくらいのものなのだろう？　それは一人一人が考えるべきことだ。

いらないものに金を使ってしまうのは、利己的で、馬鹿げたことだ。何の利益ももたらさないものに投資するのは、余計なお金を身につけているからだ。

見返りは期待しない

会社も個人と同じように分け与える義務がある。しかし、企業イメージをよくしたり、博愛行為を大声で宣伝するためだけに与えるのは逆効果であり、それでは社会的責任を果たすという意識も薄れてしまう。

企業は個人と同じように、浮き沈みを数多く経験するものだ。景気後退、エネルギー危機、金銭面での失策、競争、市場の落とし穴により、困難な時期を迎えてしまうかもしれない。

私は困難な時代を乗り越えて成長していった個人や企業を思い出し、評価している。今は、落ち込んでいるとき自分を励ましてくれた人、財政が逼迫したとき貸し出し限度額まで資金を貸し与えてくれた銀行家、苦しんでいるとき救いの手を差し述べてくれた人と仕事をするよう心がけている。

本当に与えるとは、見返りを考えずに、人に何かをしてあげることである。富や親切を分け与え、困った人を抱きしめ、人にチャンスを作ってあげることは、社会的義務なのである。人生で、変えることのできる唯一のことは、自分が人に施しを与える量だけである。

億万長者でなくても、慈善家にはなれる。オックスフォード辞典が、慈善のために与えた最初の定義は、「人類愛」である。慈善家になるのに義務づけられているのは、世の中をよくしたいという情熱だけなのだ。

再び宣言しておこう。社会に還元することはとても楽しいことなのだ。与えることは心と魂を豊かにし、人から人に広がっていくものなのである。

来たときより、もっといい環境にしてキャンプ場を去りなさい。

ガールスカウトのモットー

上手な書き方の要は、
どこで書くのを止めるべきか知ることである。

L・M・モンゴメリー

エピローグ

人は過去を今より純真で、楽しく、暖かく、淡い思い出として思い浮かべるものだ。幸福な青春時代、「古きよき時代」として…。それには理由がある。嫌な出来事は忘れているからだ。

しかし、私たちの幼少時代は確かに今より世の中は複雑ではなかった。当時の私たちはストレートな価値観を受け入れ、それをしっかり守っていた。

このような規範は、周りにいる大人たちによって頭に叩き込まれていた。大人たちのこのまめな努力が、子どもたちの行動を決定していた。私たちが子どもの行動を形作るのとまったく同じように、子どもたちも自分の子孫の行動を形成していくのである。

このような昔からある価値観を本に書こうとする際、何か素晴らしいアイデアが浮かんできたらと願ったりしたが、本書に新しいことは何も述べられていない。どんな時代や文化でも、道徳的価値に古い新しいはないのである。

人間は生まれたときから、このような価値観を植えつけられてきた。社会の長老たちは、自分と比べ若い世代の価値観が薄れてしまったとよく嘆いているが、事実は私たち全員が同じようなものなのだ。各世代にはそれぞれ独自の課題があるのだ。価値観を独占している世代はないのである。

ペンシルバニア大学ウォートン・スクールに十八歳で入学した私は、シグマ・チと呼ばれる友愛会に加わった。私は入会に際し、公平で、上品で、礼儀正しくあれという信条を守ることを誓った。

一八五五年にこの会を設立した一人の名にちなんで「ジョーダン・スタンダード」と呼ばれている一五〇年前の道徳的教えを、私は一度も忘れたことはない。この教えは、友愛会のメンバー全員に、とりわけ品格、礼儀正しさ、名誉を重んじる心、個人的責任を持つことを、求めている。

このような適切な行動原理は普遍的なものだ。信念、文化、年齢の違いに関係なく、人間の生まれつきの善性が、人間関係を深くしていく鍵となるのだ。

今日、何が正しく、何が間違いかを決断する手助けとなる価値観を、再び世の中に主張していく必要がある。「再び主張する」という言葉を使ったのは、この過程が代々受け継がれていくものだからである。前の世代の人間によって、まさに私たちの人生に注ぎこまれてきたものなのである。

子どものころ、遊び場や家庭、学校には不文律のルールがあった。そのルールとは公平さ、礼儀正しさ、誠実さについてのことだ。私たちは砂でいっぱいの砂場から、デスクでいっぱいの建物に移動しただけで、このような原理は不変なのである。幼少時代と同じように、現在も敬意と公平さを、身を持って示していかなくてはならないのだ。

どうすれば現代生活の多くの領域のなかに、世の中の価値観に基づいた振る舞いを再び取り戻すことができるだろう。

私は四つの簡単な提案をする。

◆他人に影響を及ぼす何かをやっているときは、まず「これは正しいことか？」「こんなふうに人から扱われたいか？」と胸に問いかけてみる。

◆仕事にあなたの価値を結びつける。机に座ったとき、そこであなたの価値観を仕事から切り離してしまってはいけない。利益を得ることと、礼儀正しさや公平さといった伝統的な原理の間に矛盾があってはならない。

◆倫理的な振る舞いの模範を示すときには、相手を自分の兄弟や姉妹のように思いやりなさい。

◆あなたの人生の土台を一連のｆの言葉で築きなさい。それは家族（family）、信念（faith）、不屈の精神（fortitude）、公平（fairness）、忠誠（fidelity）、友情（friendship）、慈善（philanthropy）のことだ。

家族と信仰のほかに、最も大切なのは慈善である。ほとんどの人間が、人生のなかで思いがけないチャンスにたくさん恵まれてきた。私たちは人に助けられ、導かれて成長してきたのである。だから、人生の途上で与えてもらった恩を返す機会をきちんと見つけ出すという特別な義務がある。

あなたの寛大な心を待っている大義が数多く存在している。あらゆる形や大きさで、その機会は数多く現れてくる。今、私は癌の治療にその機会を見つけ出した。

どの大義が最も価値があるか考える際には、まず自分の住んでいる地域が何を望んでいるか、じっくり考えてごらんなさい。あなたにとって意味のある目標を優先しなさい。

自分の最高の善はどのような領域で発揮できるだろう？　自分が与えることで、どこにいい効果が現れるだろう？　この質問をじっくり考え、そして実行に移してほしい。

私は衝動的にものを与えるとき、最も愉快な気持ちになれる。それは冬の通りでこごえている人に、自分のコートを脱いで渡してあげることかもしれない。ホームレスのシェルターにふと立ち寄ることかもしれない。

数年前、私が演説している最中にも、そんな機会が訪れた。その話をして、本書を締めくくることにしよう。


『ウィズダム・イン・スモール・ドーズ』の著者で、医師のジョン・アンドリュー・ホームズの言葉を机の後ろの壁にかけている。そこには、

「手を差し伸べて、他人を引っ張り上げてあげることほど、心にいい体操はない」

と書いてある。

この力強いメッセージが、二〇〇〇年に行った大学の学位授与式の演説のテーマとなった。現代史のなかでも、私の卒業演説は最短のものとなった。口にしたのは、この引用だけだったからである。

卒業式が始まってからすでに一時間半ほど経っていたが、なかなか自分の話す順番はこなかった。座席はそわそわしていた。小さな子どもたちが騒ぎ出した。年配の学生、結婚している学生、自分を向上するチャンスをつかもうとする会社勤めの学生全

員、実務家肌の人間の集まりだった。卒業生の親や友人も同じだった。二時間も長ったらしい話を聞いているのは、いい時間の使い方ではなかった。

このような人々のなかで、講演の舞台にのぼったとき、私は話を思い切り削ることにした。演壇に近づいたときには、ワンセンテンスになっていた。

卒業生に立ち上がって、私の言葉を続けて言ってもらうように頼んだ。

「手を差し伸べ…、他人を引っ張りあげて…、心にいい…」

私は再びこの短い言葉を復唱するように促した。

そして、この言葉に花を添えるものとして、私は出し抜けに一つのことを実行に移した。自分が口にしたことを、実際の行動で示したのである。

学長に振り向いて、二〇〇人の学生に五〇〇〇ドルの奨学金を授与する、そう宣言すると、私は腰を下ろした。

場内は水を打ったようにシーンとなった。ホールのなかでピンを落とせば、音が聞こえたかもしれない。今、耳にしたばかりのことが信じられず、全員が口をあんぐりと開けていた。自分でも自分が口にしたことが信じられなかった。しばらくの静寂ののち、耳をつんざくような叫び、口笛、喝采、拍手、苦笑いが湧き起こった。

私は圧倒されてしまった。この大騒ぎのなか、舞台の上の私には、ペンシルバニア大学ウォートン校で学位を取得できるようにしてくれたゼラーバック家の奨学金のことが脳裏をかすめた。

ハロルド・ゼラーバックが、前列に座っている姿を見たような気がした。彼は静かに頷き、「これでおあいこだ」と言って笑っていた。

なんという喜び！　試してごらんなさい。あなたの胸もときめくことを請合おう。

訳者あとがき

新世紀が幕を開けてまもなく、エンロン、タイコ、ワールドコムなど、アメリカ大企業の不正経理の実態が次々に暴かれていった。株式市場は大混乱に陥り、その信用は地に落ちた。経済活動とは無縁の「錬金術」に駆り立てられるおぞましい姿に、人々は驚き、あきれた。

それは、アメリカのマネーゲームの物まねをし、醜態をさらす、日本の現状にもぴたりと当てはまることだ。

本書が出版されたのは、世の中に貪欲さの空気が漂う、まさにその時期だった。発売後の反響はすさまじく、専門書の色彩が強いウォートン・スクール・パブリッシングの出版物のなかで、驚くほどの売上を示した。

本書の原題《Winners never Cheat》を訳せば「勝者はけっして嘘をつかない」とい

う意味である。著者のハンツマン氏は、ゼロから一二〇億ドルの売上を誇る化学会社を設立した、業界でも伝説の人物であるが、その成功の秘訣がまさにこのタイトルに込められている。

「自分の得になれば、何をやってもかまわない」といったビジネス界の誘惑のなかで、彼は幼少時代、公園の砂場のなかで学んだ価値観を忘れることはなかった。「粘り強く、競争心旺盛に、ゲームに全力を尽くせ。しかしあくまでフェアプレーで」。

合併や買収交渉ではタフなネゴシエーターでありながら、決して相手を欺くことなく、良好な人間関係を維持し、社員からも絶大の信頼を得られるリーダーとなれたのも、幼いころに心のなかに培った良心の羅針盤のおかげだろう。

読者の皆さんには彼の姿を通して、正直者こそアメリカンドリームの真の実現者であることを実感してもらえるだろう。

また、彼の博愛主義にも大いに胸を打たれることだろう。

肉親の多くを癌で失い、自らもこの病を患ったハンツマン氏は、癌の研究所・病院に多額の資材を投入し、また自分の人生の転機を創ってくれたウォートン・スクールの若者に多額の奨学金を提供している。

真のリーダーのあり方と同時に、社会に対して自分が一番貢献できることは何かを知っている。それが本当の成功者なのである。

度を越した拝金主義、そして格差社会など、資本主義社会には幾多の問題が発生する。しかし、本書はこのような矛盾を解決するための、重要な指針となるだろう。

最後に、本書の出版に際してさまざまな助言をいただいた、英治出版の出版プロデューサー鬼頭穣氏に心より感謝したい。

二〇〇六年六月
住友　進

[著者紹介]

ジョン・M・ハンツマン（Jon M. Huntsman）

ハンツマン社の会長・創設者。

1970 年、兄ブレインと会社を始め、2000 年までに世界最大の民間化学会社、アメリカ最大の家族経営企業築き上げ、2005 年に上場。売上は 120 億ドルを超える。ニクソン政権では大統領特別補佐官に就任し、旧ソビエトの企業経営に携わる最初のアメリカ人となる。

現在、母校ペンシルバニア大学ウォートン校の監督委員会の理事長を務める。米国商務省や米国赤十字など、数多くの公益法人や慈善団体の要職を歴任。ハンツマン社が設立したハンツマン癌研究所の主席出資者として資金を提供している。妻のカレンとソルトレイクシティーに居住。長男ジョン・ジュニアは、2004 年 11 月ユタ州の知事に選出された。

[訳者紹介]

住友進（Susumu Sumitomo）

北海道生まれ。翻訳家。早稲田大学文学部卒。

主な訳書に『マリオット・ウェイ サービス 12 の真実』（日本能率協会マネジメントセンター）、『人生の意味』（主婦の友）、『勝者のルール』（ディスカヴァー・トゥエンティワン）などがある。

[英治出版からのお知らせ]
本書に関するご意見・ご感想を E-mail (editor@eijipress.co.jp) で受け付けています。また、英治出版ではメールマガジン、ブログ、ツイッターなどで新刊情報やイベント情報を配信しております。ぜひ一度、アクセスしてみてください。

メールマガジン	:会員登録はホームページにて
ブログ	:www.eijipress.co.jp/blog
ツイッター ID	:@eijipress
フェイスブック	:www.facebook.com/eijipress
Web メディア	:eijionline.com

「賢《かしこ》いバカ正直」になりなさい

信念の経営者ハンツマンの黄金律

発行日	2006 年 7 月 7 日　第 1 版　第 1 刷
	2020 年 7 月 20 日　第 1 版　第 2 刷
著者	ジョン・M・ハンツマン
訳者	住友進（すみとも・すすむ）
発行人	原田英治
発行	英治出版株式会社
	〒 150-0022 東京都渋谷区恵比寿南 1-9-12 ピトレスクビル 4F
	電話：03-5773-0193　FAX：03-5773-0194
	URL ：http://www.eijipress.co.jp/
プロデューサー	鬼頭穣
スタッフ	高野達成　藤竹賢一郎　山下智也　鈴木美穂　下田理　田中三枝
	安村侑希子　平野貴裕　上村悠也　桑江リリー　石崎優木
	山本有子　渡邉吏佐子　中西さおり　関紀子　片山実咲
印刷・製本	シナノ書籍印刷株式会社
装丁	中井辰也

ISBN4-901234-86-2 C0034　Printed in Japan